裁判官も人である

良心と組織の狭間で

Tatsuya Iwase

岩瀬達哉

裁判官も人である

良心と組織の狭間で

はじめに

人を裁き、裁かれた者の運命を差配する裁判官には、心からの謙虚さをもってその職務にあたることが求められている。

法廷に立つ者の必死の叫びに耳を傾け、ささいに思える主張についても慎重に吟味し、真実探求の努力を惜しまないことでしか、正義の実践という裁判の目的を達しえないからだ。あらゆる権力から独立し、その崇高な使命を担う裁判官は、日本でもっとも難しいとされる司法試験にパスし、さらに裁判実務の知識を学ぶ司法研修所の卒業試験でも、上位の成績優秀者の中からしか採用されない。

神ならぬ人が人を裁くという特別の責務と、国の政策をも変更しうる権力を与えられている裁判官には、最良の知性と良識、教養に裏打ちされた判断力が求められているからだ。

2018年度現在、裁判官は、最高裁判所を含む全国598ヵ所の裁判所（簡易裁判所を除く）に3060人が配置されているが、そのうち最高裁事務総局で司法行政に携わる「裁判をしない裁判官」約150人を除くと、実質約2910人であらゆる事件を審理し、判断を下している。

裁判官1人あたりに割り振られる事件数は、年間200件〜350件で、単純計算すると2日に1件ないし2件の割で処理していかないと消化できない数だ。この事件の処理件数は、

「星取表」と呼ばれる一覧表にまとめられ個人別に集計され、事件の処理が遅れると内部評価に響く。そのため、ほとんどの裁判官は事件の処理件数を気にしていて、抱えている事件を少しでも減らそうとするのだという。

もともと優等生として順調に歩んできた彼らが、内部評価を上げることに執着したとすれば、果たして厳正で人間的な判断が下せるものなのか。

まして裁判官には、高度な洞察力が備わっているとの前提のもと、「証拠の証明力は、裁判官の自由な判断に委ねる」（刑事訴訟法318条）とされていて、誤判をしてもその責任を問われることはない。

元最高裁判事の岸盛一は、絶筆となった連載エッセー「孤竹断簡」で、「ひととおりの法律知識を身につけても、裁判の道はこれとは全く別のもの」と断ったうえで、裁判官としての戒めを説いた。

「裁判官に見識が欠けていると、その裁判は、法の形式的適用に終始して、現実ばなれのした形式的な公式主義・合法主義に陥り、裁判官は、法の文言を口頭で宣言する機械と化してしまう。卑近な寓話を例にとれば、形式的な公式主義とは、靴を買いに靴屋に出かけた男が、自分の足に合う靴がないので自分の足を削り取るようなもの、形式的な合法主義とは、寸法書きを家に忘れたといってそれをとりに自宅にかけ戻るようなものである。そして、そのあげくマンネリズムに陥り、裁判は生彩を欠き味気のないもの、と世間からは『裁判官のあたま』と揶揄されるようなものとなってしまう」

独善と傲慢の象徴ともいうべき「裁判官のあたま」に凝り固まってしまうと、情味に欠け、人の葛藤の底にあるものを探ろうとしないだけでなく、安易に検察官の主張を受け入れることになる。検察官と対立するよりは、無罪が確実なのであれば、「この先の上級審が無罪にしてくれるだろうから、とりあえず有罪にしておこう」という心理に陥るのだという。

元東京高裁裁判長で、現役時代30件に及ぶ無罪判決を書き、そのすべてで検察官の上訴を退け、無罪判決を確定させた弁護士の木谷明は、裁判官と検察官の関係についてこう述べている。

「私が名古屋高裁に勤務していたころの話です。友人のN検事から、こういうことを言われました。『裁判官は、検事の主張とあまり違ったことをしないほうがいいぞ。何故かというと我々はむずかしい問題については、庁全体あるいは高検、最高検まで巻き込んで徹底的に協議してやっているんだ。それに比べてあんたたちはいったい何だ。一人かせいぜい三人じゃないか。そんな体制で俺たちに勝てるはずがないんだ。仮に一審で俺たちの主張を排斥して無罪判決をしたって、俺たちが控訴すれば、たちまちそんな判決は吹っ飛んじゃうんだ』」

確かに、「司法統計年報」はこの検事の言葉を裏付けている。

裁判官の無罪判決を不服とし、検察が控訴した場合、高裁で一審判決が破棄される確率は約7割にのぼる。これに対し起訴された被告人が控訴した場合、その主張が認められ二審で無罪となる確率は1割程度に過ぎないからだ。

審理がじゅうぶん尽くされず、誤判等が起こるメカニズムは、民事裁判においてもさほど変わらない。裁判官は忙しいため、訴状を読んでとりあえずの心証をとってしまうと、そのファーストインプレッションで『ああ、これはこっちが勝ちね』って頭の中にインプットする」のだという。また、弁護士の能力を比較して、「この先生は信頼できる」「主張に乗れるなと思う」一方で、「この先生はダメなんだな」と印象づけられると、提出された書面は「読み飛ばしている」こともあって、当の訴訟当事者がいくら法廷で真実を語っても裁判官の心を染めることはできない。

まして、論理的な組み立てができていない書面を提出する弁護士や、結審間際になって慌てて多数の証拠を出すなど、裁判官が辟易するような弁護活動では勝てる裁判も負けてしまうのである。

地方裁判所の裁判長はこう言った。

「裁判は、究極のところ法律だけでは判断できないんです。憲法の理念もあるし、世論もあるし、社会的な落ち着きも総合的に考えなければならない。自分ではここが確かだろうなと思っても、当事者から提出された証拠で説明できなかったら認定しない。この人、本当のことを言ってるだろうと思っても、それを裏付ける証拠が伴っていないと主張を受け入れないで、確実なところで認定して結論を出すというのが、いちばん無難で一般的な判断。それを、一歩踏み込んで本当と思うところに判断を下すと、まず、控訴されて高裁でひっくり返されますからね。それは基本的にやらない」

高裁でひっくり返されるのは、裁判官としてのプライドが許さないうえ、その後の人事評価にも少なからず影響するからだ。裁判官もまた組織のなかにいる以上、人事によって縛られているのである。

まして民事裁判は、刑事裁判のように絶対的真実を求めるものではない。争っている当事者の主張に、どれだけ分があるかを相対的に判断するため、時として真実から遠のいた判決になっても致し方ないと割り切ることができるという。

一般に真実探求の場であると考えられている裁判と、実際の裁判とでは大きな隔たりがあるのである。世間の常識から乖離した「裁判官村」という閉ざされた世界のなかで、裁判官たちは、いったいどんな思いで日々の法廷に臨んでいるのか。そして裁判所は、どのような組織風土と論理のもとに運営されているものなのか。

普段、われわれが接することのない裁判官の素顔に迫り、裁判所の内幕を解明するため、私は足掛け4年にわたり、のべ100人を超える現職裁判官や元裁判官を全国に訪ね歩いた。一度ならず二度、三度と通いつめるなか、彼らが語ってくれた生々しい記憶や、提供してくれた備忘録、司法研修所資料など多数の個人資料や内部文書をもとに、厚いベールに包まれた「孤高の裁判所」の奥深くに分け入ってみることにしよう。

《註記》

＊本書では敬称を省略し、肩書、年齢、統計数字等は事柄のあった当時のままとしました。氏名のあとの期は、司法研修所の修了期をあらわします。

＊文献の引用部分については、巻末に引用文献一覧を付しました。

＊引用文は読みやすさを考慮し、一部を現代表記に改めています。

裁判官も人である　良心と組織の狭間で　目次

装丁　間村俊一

第一章　視えない統制

型破りなエリート裁判官

〈先生の肉に何の用だ？〉

おどけたポーズで、筋骨隆々の白ブリーフ姿の自撮り写真をツイッターのカバーページに掲げているのは、東京高等裁判所の岡口基一裁判官だ。

東大法学部卒のエリート裁判官で、ベストセラー『要件事実マニュアル』の著者でもある。同書は、民事事件を扱う弁護士の必読書とされているうえ、全国の裁判所の裁判官室にも備えられている。風変わりで、多才な裁判官である。

岡口判事のツイートは、法律問題から時事問題、さらには性の話題まで多岐にわたっていて、約3万4000人のフォロワーが常時アクセス。そのトップ画面に固定されているのは、「裁判員裁判って、国民を騙して導入したものだからね」といった最高裁批判のツイートである。

2016年6月、岡口判事は、2年も前に削除していた〈エロエロツイートとか頑張るね〉とのつぶやきや、SMバーの女王に緊縛してもらった写真などを掲載していたことが問題視され、のちに最高裁判事となる戸倉三郎東京高裁長官から口頭で厳重注意処分を受けた。「裁判官の品位と裁判所に対する国民の信頼を傷つける行為をした」というのがその理由だ。

この処分は、ある意味、考え抜かれたものだった。異議申し立てができない口頭注意処分にすることで、反論の機会を与えず、岡口判事を押さえ込もうとしたのである。

しかし戸倉長官の計算は大きく外れ、その狙いは失敗に終わっている。処分を受けた岡口判事はツイッターをやめるどころか、先の最高裁批判をツイッターのフロント画面に固定し、対決姿勢を打ち出したからだ。その後も、ニュースサイトに掲載された「性行為の理想的時間の長さ」が31分であったことを取り上げ、こうつぶやいた。

〈30分ではなく、31分なんだ。最後の1分（にはどういう意味があるのか）が気になって気になって、セックスに集中できなかったじゃないか〉

自由奔放に発信し続ける岡口判事への処分が司法記者の知るところとなり、新聞等で大々的に報道されたことで、皮肉にも裁判所の、言論の自由への認識がいかに低いかをさらけ出すという「おまけ」までついたのである。しかし岡口判事は、なぜ、こうも過激で型破りなのか。

岡口判事をよく知るベテラン裁判官は言う。

「裁判所というところは、恐ろしく保守的で、誰彼かまわず足を引っ張るのに長けた組織なんです。とりわけ若手裁判官が、上司である裁判長に向かってあれこれ意見を言ったりすると、うるさい奴だとか協調性がないといってマイナス評価されてしまう。それを恐れるあまり、彼らは萎縮し、上司の意向のままに動こうとする。岡口さんはそこに一石を投じ、彼らを奮起させようとしているんでしょう」

実際、岡口判事は「どうして匿名でツイートしないんですか？」とのフォロワーからの質問にこう答えている。

「元々は、あまりにも萎縮しまくっている若手裁判官達に対し、もっと自由になっても大丈夫なんだよ。もっともっと市民的自由を謳歌」しようとの思いからはじめたと――。

岡口判事のツイッターは２００８年から始められ、戸倉長官による口頭厳重注意処分後も一日20回程度のツイートを行ってきたが、２０１８年3月、文書による厳重注意を受けることになった。

処分の対象となったのは、２０１７年12月、裁判所のウェブサイトに掲載された性犯罪事件の判決文を紹介したものだった（ただし個人情報は秘匿されている）。岡口判事は判決文のＵＲＬをツイッターの画面に添付したうえで、こうつぶやいていた。

〈首を絞められて苦しむ女性の姿に性的興奮を覚える性癖を持った男　そんな男に、無惨にも殺されてしまった17歳の女性〉

これに対し戸倉長官の後任にあたる林道晴長官は、「被害者遺族の心情を害した」として書面による厳重注意処分を課した。そしてその2ヵ月後、犬の返還訴訟について報じた新聞記事のＵＲＬを添付し、ツイートしたことで、ついにと言うべきか法律に基づく懲戒処分を受けることになった。

〈公園に放置されていた犬を保護し育てていたら、3か月くらい経って、もとの飼い主が名乗り出てきて、『返して下さい』『え？　あなた？　この犬を捨てたんでしょ？　3か月も放置しておきながら・・』『裁判の結果は・・』〉

このツイートに対する処分までの経緯はこうだ。

「もとの飼い主」は、このツイートによって感情を傷つけられたと東京高裁に抗議。林長官は、岡口判事にツイートをやめるよう強要したものの拒否されたため、裁判官分限法による懲戒を最高裁に申し立てたのである。

林長官の申し立てが適正かどうかを審査する「分限裁判調査委員会」に岡口判事が提出した「陳述書」によれば、東京高裁長官室に呼び出された際、吉崎佳弥東京高裁事務局長立ち会いのもと、林長官から1時間近くもツイッターを今すぐ止めるよう激しい剣幕で迫られたとある。

「私が、激しい剣幕にもかかわらず、ツイッターを止めますと口にせずに黙ったままでいると、長官及び事務局長は、次に、私がツイッターを止めなければ、分限裁判にかけて君をクビにしてしまうぞと、私を脅し始めました。

とりわけ、事務局長は、私をたしなめるように、具体的に発言をされました。『君ね。今、長官がなにをおっしゃってるかわかってる？　君、さっき、ツイッターと裁判官としての仕事を比べると、裁判官の仕事の方が大事だと言ったよね。でも、分限裁判でクビになってしまったら、裁判官の仕事はできなくなってしまうんだよ。君、そういうことわかってるの。』」

裁判官は、憲法による身分保障がなされているため、「心身の故障」以外では、上司である高裁長官といえども、独断で免官や報酬の減額を決められない。形式的であれ、上級審である最高裁の判断を仰がなければならず、懲戒処分となれば「戒告」か「1万円以下の過料」のいずれかが科されることになる。

　２０１８年10月17日、最高裁大法廷（裁判長・大谷直人最高裁長官）は、岡口判事のツイートは裁判所法49条で定める「品位を辱める行状」にあたるとして「戒告」処分を決定した。この決定には、東京高裁長官時代に岡口判事を厳重注意処分した戸倉判事は加わらなかったため、残る14名の最高裁判事全員の一致意見によるものだった。

最高裁の「素人のような意見」

　懲戒処分から数日後、岡口判事に取材を申し込むと週末の日曜日、ラグビー・ジャージにジーパンという出で立ちで約束の場所に現れた。岡口判事は淡々とした口調で、しかし時折、苛立ちをにじませながら約２時間にわたり、今回の処分の不当性と裁判所が抱える病理について語った。

「正直、最高裁の決定には愕然としました。最高裁の判断を整理すると次のようになる。このツイートを一般人が読めば、私が『もとの飼い主』が訴訟を起こしたこと自体を非難していると受け止める。裁判官が、訴訟を起こしたこと自体を非難していると、一般人に受け止められるようなツイートをすることは、裁判官の『品位を辱める』行為である。だから処分するというものです。

　しかしこの事実認定は、いくらなんでも無理がある。私のツイートから、犬を捨てたことを非難してると思う人はいるかもしれません。しかし、訴訟を起こしたこと自体を私が非難していると受け止める人など、いないですし、いたとしてもそれが『一般的』とはとても言えません。すでに多くの法曹実務家や学者が、この点について、ありえない事実認定であると指摘しています」

そもそも処分は、両者の言い分を公平に聴取し、どちらの側に正当性があるかを客観的に判断して下すものだ。一方の主張にのみ立脚し、一方的に裁くのは公正な裁判とは言えない。適正な手続きに則った事実認定は、裁判の命である。裁かれた者が、たとえ主張が入れられなかったにしろ、公正な審理を受けたと納得できる裁判を、なにゆえ最高裁はおこなわなかったのか。

大法廷決定の理不尽さについて、岡口判事が続ける。

「最高裁は、懲戒請求の理由に書かれていない過去の処分も含め、合わせ技で『戒告』にしているのです。過去の処分を持ち出すのはいいとして、それならそのことを東京高裁長官は『申立て理由』に書いておかなければならない。でないと、十分な弁明や防御ができず、裁判の公正な手続きが実践できないからです。こんな不意打ちを、最高裁がやるとは思っていませんでした。それ以上に驚かされたのは、3人の最高裁判事が共同執筆した『補足意見』です。あの意見は、ヒステリックに私を非難するものであって、品格があるはずの最高裁の補足意見とはとても思えない。素人の、エッセイのようなものです」

補足意見は、元通産官僚で内閣法制局長官を務めた山本庸幸、元外務官僚で英国大使を務めた林景一、弁護士出身の宮崎裕子の3判事が執筆。彼らはとりわけ、岡口判事の「2度目の厳重注意」を問題視していてこう述べた。

「私たちは、これは本件ツイートよりも悪質であって、裁判官として全くもって不適切であり、裁判所に対する国民の信頼をいたく傷つける行為であるとして、それ自体で懲戒に値するものではなかったかとも考えるものである」「本件ツイートと2度目の厳重注意事案との悪質性の比較は措くとしても、懲戒処分相当性の判断に当たり、本件ツイートは、いわば『the last straw』（ラクダの背に限度いっぱいの荷が載せられているときは、麦わら一本積み増しても、重みに耐えかねて背中が折れてしまうという話から、限界を超えさせるものの例え）ともいうべきものであろう」

呆れ果てたかのような表情で岡口判事は語る。

「要するにこの補足意見は、本件ツイートは『麦わら一本』程度のものでしかなく、実際には過去のツイートで処分したんだと、自白しちゃってる。これは、気に入らない奴を裁くのに、公正な手続きなど必要ないんだと言っているのも同然でしょう。しかし裁判での審理というのは、感情をぶつける場じゃない。冷静に、事実認定と法的判断を普通にやる場です。そういう場に、裁判の手続き保障についてこの程度の理解しかない人たちを入れるのは、よくないんじゃないですかね。

被害者の女性の遺族は、もともと裁判所が勝手に判決文を公開したことに傷ついたと言って、東京高裁に抗議にきた。それがいつの間にか、私のツイートの文言で傷ついたに変わり、その主張に基づいて私の厳重注意処分がなされました。しかしそれが終わると、再び、判決文をウェブサイトに載せられたことに傷ついたと元に戻っている。そしていままた、考えを変えて、私のおちゃらけたツイッターで紹介されたことで傷ついたと、3回考えを変えているんです。これって、どういうことなのでしょうか」

「歴史に残る恥ずかしい決定」

分限裁判がはじまるや、岡口判事が研究者用に発信している別のブログが一挙に50万アクセスを突破。その途端、理由不明のまま、岡口判事のツイッター・アカウントは凍結されてしまった。いまは、アクセス不能の状態にある。

「私のツイッターの読者のほとんどは、法曹関係者や法学部の学生など、法律に関係している方々です。今回、処分されることになった犬の飼い主に関するツイートにしても、犬の所有権がどちらの側にあるかって結構、面白い事件なので、ロースクール生とか法学部の学生に考えて欲しくて載せただけ。元の飼い主を非難する考えなど毛頭もない。

閉鎖されているツイッターについては、ツイッター社が、いかにおかしなことをするかを示すため、そのまま放置しています。だから、いまはフェイスブックを中心に発信しているんです」

裁判官のＳＮＳへの投稿に対する戒告処分は、岡口判事がはじめてである。過去の戒告は、痴漢行為や判決文を完成させないまま判決を言い渡すなど、破廉恥罪や怠慢行為に下されたものばかりだ。

戒告は、免職や停職と違って最も軽い懲戒処分だが、処分を受けた裁判官はいずれも日を置かずして依願退官している。職場での嘲笑、冷笑など、有形無形の圧力に耐えられなくなるからだ。吉崎東京高裁事務局長が述べた「分限裁判でクビ」になるという言葉には、戒告処分が出れば、組織を挙げて追い出しにかかるという意味が含まれていたのである。

「処分は受けましたが、私が成功したことは、最高裁がいかにいい加減な判断をするかを世に知らしめたことです。最高裁の歴史に残る恥ずかしい決定になるでしょう」

岡口判事はそう述べたあと、裁判官がSNSで情報発信することを、裁判所の上層部が嫌がる理由を解説した。

「裁判所には、ブログはやるなという基本方針があるんです。以前、ドイツに留学していた女性裁判官がブログをやっていたのを当局が聞きつけた途端、閉鎖になってしまった。また、家庭裁判所の調査官でブログをやっていた人がいたのですが、次席調査官室に呼びつけられ、ネチネチやられて結局やめちゃった。

裁判所がなぜ、裁判官のブログを嫌がるかというと、どんな人が、どんなことをしているか知られたくないからでしょう。秘密のベールに包んでおけば権威は高まりますから。

実際、20代で裁判官になっても一人前になるには時間がかかりますから、彼らの実力を知られたら困るわけです。司法試験って基本法しかしない。ところが裁判の現場では、色んな法律があって、住民訴訟なんて地方自治法を一度も読んだことないのに、いきなりやらされたりする。そういう職場環境のもとで、よくわからないまま難しい事件を次々担当させられるので、みんな自信を持てないでいるんです。

じゃ、勉強すればいいじゃないかとなりますが、勉強する時間もない。仕事が一杯一杯で、土日も判決書いてますから。裁判官の仕事って、社会的なことを知らなくてはいけないし、法律も知らなくてはいけない。しかも法律はどんどん変わる。だから全部のことがわかって、自信を持って判決書けるという人は非常に少ない。たいていは、「判例秘書」という判例検索ソフトで、過去の似たような事件の判決を探しだしては、ああ参考例があってよかった、これを真似すれば判決が書けると言ってコピペしたりしている。

他方で、スーパーエリートであった某裁判官が、自信を持って、信念に基づいて国を負け続けさせたところ、みごとに左遷されてしまいました。するとみんな、国を負けさせるとヤバいんだなとわかる。見せしめをひとりつくれば、下手に締め付けなくても裁判官を自発的に隷従させることができる。そんな組織になってしまっている」

裁判官のツイートを規制することは、裁判官の独立や表現の自由に関わる問題だけに、最高裁は憲法上の判断を示しておく必要があったはずだ。しかしその判断を回避した理由について、岡口判事はこう言った。

「実は、現在、最高裁には憲法学者が一人もいないのです。そのためか、金沢市役所前広場事件という表現の自由が大きな問題になった事件でも、最高裁は、憲法判断をしないどころか、判決の理由を明確に論じない、いわゆる『三行半判決』で終わらせました。そういう流れがあるということも押さえておかなければなりません。さすがに私も、裁判所という世界に少々嫌気がさしてきているのですが、処分を受けたことで逆に辞められなくなってしまった。周りからは、もっと前に出てみんなの弾除けになってくれと励まされているものですから。

裁判官って、弱いんですよ。ひとり、ひとりは、ただのサラリーマンですから。とりわけ司法制度改革のあとは司法試験の合格者が急増していて、この20年間で弁護士人口は2倍強に増えた。弁護士が余っていて、裁判官を辞めても弁護士に転身できないんです。だから当局に睨まれることなく、賢くやっていきたいという自信のないヒラメ裁判官が増えることになる。どこの世界もプロがいなくなってきたと言われていますが、ウチも同じ。基本的な司法の役割すらわかっていない裁判官がいます。なぜ、わからないかといえば、誰も教えないからです。それにワーク・ライフ・バランスで、週に何回かは早く帰って、家事の分担もしなくちゃならない。そうなると職場の飲み会もなくなる。先輩が後輩に教えるシステムが断絶してるんですね。

だからというわけではないのですが、これからはツイッターに替えて、フェイスブックで若い裁判官などに司法の本質論を伝えていきたいと思っています。三権分立のなかで、立法と行政は多数決原理ですから、必然的に少数者は追いやられる。その少数者の権利を誰が守るのかといったら司法しかありません。

ヘイトスピーチとか、ＬＧＢＴの話とか差別されている人たちがいて、この人たちの権利を守るのは、われわれの守備範囲なんですよと。そちらに目を向けてもらえるよう情報発信を続けていくつもりです。2度目の戒告を受けるかもしれませんが、気にせずやっていくつもりです。自分の表現の自由すら守れない裁判官が、他人の表現の自由を守れるはずがありませんから」

日本の法学を発展させるため、確定した裁判例については、過去、個人情報を秘匿し「事例」化させたうえで、裁判官、検察官、弁護士など法曹関係者は自由に論じあってきた。しかし今回の処分によって、少なくとも裁判官が「ネット上」での自由な議論に参加できなくなったことは明らかだ。憲法の守護神であるべき最高裁によって、裁判官の表現の自由が大きく侵害されることになったと言えよう。

「正解指向」の落とし穴

視えない「統制」によって萎縮する若手裁判官や、そのプレッシャーから不祥事を起こす裁判官は、裁判所にとって古くて新しい問題だ。

2002年2月、山口繁最高裁長官の肝いりで、「裁判官の在り方を考える」と題した研究会が開かれたことがある。背景には、当時、毎月のように新聞紙面を賑わしていた裁判官の不祥事があった。

2001年3月には、福岡高裁の判事が裁判官の職業倫理に反したとして、最高裁から戒告処分をうけている。処分の理由は、同判事の妻が、伝言ダイヤルで知り合った男性にストーカー行為を繰り返し、逮捕状の請求がなされた際、同判事は、福岡地検から極秘に得た情報をもとに証拠隠滅を働いていた疑いがあるというものだ。

また同年9月には、神戸地裁の所長が電車内で痴漢行為を働いた嫌疑で書類送検され、11月には、少女買春で有罪が確定していた東京高裁の判事が、国会の弾劾裁判所で裁判官資格剝奪の罷免判決を受けている。

先の研究会は、それらの問題を「特異例」として片付けるのではなく、発生原因を究明するとともに、若手裁判官の育成について活発な意見交換をおこなうため開かれたものだ。研究会の出席メンバーは、当時の仙台高等裁判所長官で、その後、第16代最高裁長官となった島田仁郎ほか、地裁、家裁のベテラン裁判官が5人。それに講師として招かれた3人の裁判官OBが参加し、霞が関の「法曹会館」でおこなわれた。

「高裁長官、地家裁所長限り」と断り書きのついた同研究会の速記録は、A4判77ページ。参加者の発言は匿名化されているものの、その率直な指摘や問題提起は息をのむ迫力だ。出席者のひとりは、萎縮し、意見を言わない若手裁判官が生まれる原因を、裁判所の階層と管理体制にあるとしてこう語っている。

「部総括（註・裁判長のこと）が、自分は自由な発言をプラス評価するつもりであるから積極的に言えと言っても、言われた側としては、ひょっとして落とし穴かも知れない、落とし穴じゃなくても本当にその様な評価をして貰えるかどうか分からないし、ひょっとして更に上の方の代行（註・地裁の所長代行）だの所長だのは別の考えかも知れないではないか、また、部総括が短期間内に替わってしまって考えの違う部総括になったら、ミゼラブルな状態にならないとも限らない、いろんなことを全方位的に考えると、やっぱり安心な部分でしか物を言わない方が得策ではないか。言うと火傷をするかも知れないというふうに感じている人がかなりいると感じます」

幼稚園の頃から、とびきりよくできると誉めそやされ、優等生として走り続けてきた彼らは挫折を知らず、下積み経験もなく育ってきた。まさに、エリート層の「上澄み」であり、もともと正解指向で怪我をすることをひどく恐れている。

正解指向の問題点は、「なぜ正解かという理屈を考えないで、こういう問題だったらこれが正解と機械的に覚えちゃっている」点にあると別の出席者は指摘する。

「正解指向は何が悪いかというと、思考放棄だから悪いのですね。思考を放棄しているから、すぐ、答えは何ですかと聞きたがる。そうではなくて、自分の頭で考えて、最適解にたどり着くという過程をきちんとこなせなければ、裁判官としての基本を欠くことになる」

加えて、彼らの上司である裁判長すらが、「隣の裁判長から電話がかかってきたときと、所長なり所長代行からかかってきたときに急に声色を変えているというようなことを、陪席とか修習生はよく見ている。やっぱり、どうしても上を見てしまう。自分たちが実は萎縮していることは、ある意味で事実だと私自身も思います」と、もうひとりの出席者は語っている。

裁判長が、上司の前で萎縮し、最高裁に睨まれることを恐れている「司法官僚」だとすれば、若い裁判官や、裁判官志望の修習生が、その雰囲気から学ばないことなどありえないだろう。

判決内容を決める合議においても、裁判長と先輩裁判官を前に、若手裁判官は「『私はこうだと思っている』というようにファイナルな、自分なりの結論まで詰めた意見を述べる人は比較的少ない」との意見も出された。

「反対意見にあった場合に、怪我がないようにして退却し、或いは修正する。この場合、一旦、自分なりの詰めた意見を言った上で修正するのならよいのですが、多くの場合に、相手に下駄を預けるような形で物を言う傾向が強いように思うのです。そういう傾向を生じるのは、裁判所組織は、内部で、足を引っ張ることに長けた組織だということも原因の一つだと私は思っています」

法服を着て、法壇に座る威厳に満ちた裁判官たちもまた、人事権を持つ「所長がどちらを向いているかということばっかり気にしている」のが実態なのだという。

「個人的には私は言いたいことを言って暮らしてきたので、裁判所の中でそんな不自由感なんかはないし、最高裁批判、公然と飲みながら言ったりしてたこともあるんですね。だけど、一般的に見る印象としては、やっぱり、そういうことを言ったら何をされるか分からないというような不安感みたいなのがかなりあったと思います」

憲法で保障されているはずの「裁判官の独立」と「身分保障」は、外部からの干渉には強くても、内部を支配する組織の論理の前では、ほとんど意味をなしていないといえそうだ。

実際、この研究会の速記録さえ外部に漏れることを恐れ、一般裁判官には配付されなかった。彼らには、A４判16ページに編集されたダイジェスト版が配られただけで、せっかくの成果もじゅうぶん生かされることなく終わっていたのである。

「判事3号俸」というカベ

一般企業や行政官庁ともちがって、裁判官の人事評価は任官から20年ほどは、まったくと言っていいほど給与に反映されない。長期病欠などの特別の事情がない限り、仕事ができるできないに関係なく、一律に昇給する仕組みをとっているからだ。

新任判事補の基本給は俸給表で見る限り月額約23万円で、一般企業の大卒社員の平均初任給約20万円とさほどかわらない。だが彼らには、初任給調整手当、地域手当、勤勉手当など民間企業にはない多数の手当が付くうえ、1年目から4・3ヵ月のボーナスが支給される。それらを合わせると年収は約６００万円となるのである。

そして任官から10年が経過すると判事補から判事に昇格し、ここでようやく一人前の裁判官と認定され、年収は１０００万円の大台を超える。次の節目は約18年目の「判事4号俸」への昇給で、年収は約１７００万円となる。しかし一律昇給はここまでで、その上の「判事３号俸」のカベは高く、「判事4号俸」に据え置かれたまま定年を迎える裁判官も少なくない。要するに過去20年間の勤務評価が、この時、一気に下されるわけだ。

裁判官の出世とカネの関係

役職		号俸（給与の基準）	年収	
最高裁長官		最高裁長官	4031万550円	最高裁長官は、総理大臣、日銀総裁と同程度の年収になる
最高裁判事		最高裁判事	2940万630円	
東京高裁長官		東京高裁長官	2819万7330円	高等裁判所の長官になると、年収は一気に数百万円単位で上がる
東京高裁部総括	東京地裁所長等	判事1号	2403万4331円	高裁の部総括にまでなると、裁判官の世界では「出世した」とされる
東京地裁	部総括	判事2号	2117万666円	
東京地裁	部総括（20〜30年目）	判事3号	1973万8834円	判事3号にはなかなかなれない。裁判官にとってひとつの「壁」となる
東京地裁	判事（18年目ごろ）	判事4号	1673万1986円	
東京地裁	判事	判事5号	1444万1054円	
東京地裁	判事	判事8号	1055万4651円	判事になると年収は1000万円の大台を超える
東京地裁	判事補（10年目ごろ）	判事補1号	941万9301円	
東京地裁	判事補	判事補2号	866万4054円	
東京地裁	判事補	判事補11号	605万1629円	
東京地裁	判事補	判事補12号	599万264円	司法修習を終えると、判事補に任官。すぐに600万円近い年収になる

「裁判所データブック2016」「裁判官の報酬等に関する法律（平成28年11月30日）」「裁判官に対する期末手当及び勤勉手当の支給月数表」「裁判官の初任給調整手当に関する規則」などを参照し作成

「3号俸」に昇給すると年収は約2000万円にジャンプアップし、ほぼ同時に地裁の裁判長に指名される。中央官庁でいえば局長級の給与にあたり、納得感と達成感が伴う処遇だ。

「だから大半の裁判官は上目遣いで、上司に嫌われないよう、無難な判決を書くわけです。上司と衝突するような判決を書けば、3号に上げてもらえなくなりますから」

こう前置きして語るのは、ある裁判官OBだ。

「われわれは、普通、20代半ばで裁判官になって定年まで勤めるので、約40年という時間を裁判所という閉鎖された社会で過ごすわけです。その社会の中で生きていくわけだから、誰もが楽しく気持ちよく仕事をしたい。住民訴訟などで国を負けさせたりすると、偏向していると後ろ指をさされ、変わり者だと白眼視される。挙げ句、同期より処遇で遅れるというのは、さすがに辛い。しかも遠くへ飛ばされるかもしれない。家族を連れていけないとなると単身赴任ですから、それはかなわんわけです」

具体的な事件の処理については、誰からも指示を受けることはない。しかし裁判所内での疎外感や任地のことを考えると、公平無私の立場から判断することよりも、自主規制し、適当なところで妥協した判断を下しておこうと考えるのだという。

若手裁判官のひとりも、淡々とした口調で語った。

「裁判は、恐ろしいほど人の運命を左右する。だから、家庭を犠牲にしてでも仕事に没頭しなければならないという風潮が裁判所には残っている。たしかに、刑事裁判で無罪の者を有罪にすれば、その人の一生を台無しにしてしまうわけだし、民事裁判であっても判断に過ちがあれば大変な痛手を当事者に与えてしまう。だけど今の時代、家庭に仕事を持ち込むと夫婦喧嘩の原因になるわけだし、家に帰ったら子供の面倒をみたり、分担された仕事をきちんとやって奥さんの機嫌を害さないようにしないと、それこそ夫婦関係が壊れてしまう。夫婦関係が円滑でないと裁判にも影響がでるわけです」

仕事と生活の調和をはかっていくには、来たもの来たもの全力で取り組むことなどできない。勝負所を履き違えないでいる限り、自主規制や妥協があったとしても致し方ないというのである。

「良心」と「組織」の間で揺れる

裁判官として事実を見る目が確かで、着実に事件を処理し、紛争を解決する識見に富んでいたとしても人事で差別される人はいる。あるべき司法の姿を議論するために、１９７１年に立ち上げられた「全国裁判官懇話会」の主要メンバーたちである。

同懇話会は、結成当時、２１０名余の裁判官が議論に加わったこともあったが、徐々に会員が抜けていき２００７年に解散した。その間、一貫して裁判官の人事制度の透明化を求め、その改革案を示すなど最高裁に問題提起し続けてきた。その熱心なメンバーのひとりだった伊東《いとう》武是《たけよし》は、「３号俸」に上がるのが同期より2年近く遅れている。

伊東は、東大法学部を卒業後、25歳で任官。定年の65歳まで40年にわたって裁判官を勤め上げ、現在は弁護士として活動している。神戸市郊外の自宅の書斎で、当時を振り返りながら語った。

「任官20年を過ぎる頃には、同期の連中は3号になり裁判長になっている。なのに、僕は4号のままで据え置かれたのは、辛かった。僕自身が、仕事の面で優秀じゃなかったところがあるのかも知れないけれど、この遅れは『裁判官懇話会』で積極的に発言をしているからだと思ったものです。3号に昇給しないということは、給与の問題もあるけれど、みんなより一段低いところを歩まんといかんわけです。田舎の優等生でずっと来ましたから、遅れるということに慣れてなかったんでしょう。同期会があっても、なんとなくみじめな気がして出れなかった」

このまま懇話会の活動を続けるか、懇話会を辞めて普通の裁判官としてやるか、大いに悩んだという。任官して22年目のお盆休みに、車で郷里の愛媛県宇和島に帰るにあたり、妻にこう言った。「すまないが、今年はひとりで帰らせてくれ」

悲痛な表情の伊東を見て、察するところがあったのだろう。夫人は理由を聞こうともせず、無言で送り出した。帰省の途中、伊東は、四国の山中や川沿いにテントを張り、3日間、星空を見ながら考えを巡らした。やがて心が落ち着き、自分は、立身出世のために裁判官になったわけではない。甘んじてこの屈辱を受けよう。それも自分が担うべき役目なのだと、肚を決めたという。

「3号になってからも裁判長のお呼びがかからず、ようやく念願の裁判長になれたのは59歳。ほかの人より10年以上遅れているんです。裁判長とふたりの陪席裁判官で審理する合議体において、ベテランが座る右陪席のままでね。陪席裁判官は、嫌な裁判長のもとでも我慢して仕事しなきゃならんし、年下の裁判長につくことだってある。やっぱり、自分の意見が通り、自分の判断が下せる裁判長というのは、裁判官になった以上、誰もが望むやりがいのあるポストなんです」

地裁の所長から、このまま裁判所にいても居場所がない。公証人になってはどうかと勧められたこともあった。しかし、最後まで裁判官をまっとうしたいと告げている。その後、大阪高裁で右陪席を務めた時、上司だった裁判長がいろいろと掛け合ってくれ、神戸地裁姫路支部の裁判長への声がかかった。

「『伊東君、残念だけどここのポストしかない。どうする？』と言われた時、即座に、行かせていただきますと返事しました」

節を曲げることなく、最高裁に意見具申してきた伊東の処遇が遅れたのは、むしろ当然のことだった。遅らせることで、他の裁判官への波及効果が生まれ、裁判官を統制しやすくなるからだ。

「最高裁に逆らう」ことの意味

元大阪高裁判事の生田暉雄もまた、最高裁の人事統制に反発しながら、同時に「良心に従い独立してその職務を行う」ことの難しさに懊悩した経験がある。裁判官に任官して12年目、神戸地裁尼崎支部で右陪席裁判官をしていた時のことだ。

現在、弁護士として活動している生田は、日比谷公園内のレストラン「日比谷松本楼」で、いつも注文するというカッカレーを食べながら語った。

「あれでよかったのかと、いまだに反問するんです。こんなことしていいんかなあと思いながら、迷いに迷って、執行猶予付き有罪判決でいきましょうと言った。本心では、無罪を主張したかっただけに、あの判断の是非については、ずうっと結論がでないんですよ」

心の澱《おり》となっているのは、1982年7月28日に右陪席裁判官として判決公判に臨んだ選挙違反事件である。

事件は、1977年7月におこなわれた参議院議員選挙で、当時の尼崎市議が有権者の自宅12戸を戸別訪問し、候補者名をあげて投票を依頼したうえ文書を配付したというもの。検察官は罰金5万円、公民権停止の有罪判決を求めて起訴していた。

審理にあたったのは生田のほか、上司で神戸地裁尼崎支部長の裁判長、そして後輩の左陪席裁判官だった。生田の考えは、選挙活動における戸別訪問は、直接対話の中で有権者に判断材料を提供する手段であり、その自由を制限することは憲法21条の「言論、出版、表現の自由」を侵害するので違憲というものだった。

当時を回想しながら、生田は言った。

「しかしその考えを貫き、裁判長と左陪席を説得して無罪判決にもっていけば、その後の人事で、上司の裁判長がひどい目にあうのは明らかだった。尼崎支部長というのは、次の異動で地裁の所長に昇格するポストなんです。その異動を前に違憲判決を出せば、最高裁は絶対に所長にはしない。だから判決を決める合議で、私は良心に従って無罪とは主張できなかったんです」

この時の判決は、「戸別訪問などの禁止については、反対論が根強く、合憲とするには慎重でなければならない」と断ったうえで、しかし「戸別訪問は買収など不正行為の温床となりやすく、文書図画の頒布についても放置すると選挙費用の過当化を招く」として、罰金3万円の有罪判決を言い渡した。

最大の争点となった表現の自由については、「戸別訪問などの禁止は、表現の内容自体を制限するのでなく、その手段の一つを制限、禁止するに過ぎない」という苦しい理屈を立てた。そのうえで、検察が求めていた公民権停止については、「市議の地位をはく奪するのは、罪に対して過酷すぎる」と退けている。

公職選挙法で規定している戸別訪問の禁止については、1950年9月、最高裁は大法廷判決で合憲の判断を下していたうえ、1967年11月にも同第三小法廷が合憲を維持する判決を出している。一方で、最高裁に逆らい違憲との判断を下した下級審の裁判官は、徹底して冷遇されてきたのである。そのことが生田の頭にあった。

和歌山地裁の裁判官だった安倍晴彦は、1968年3月、衆議院議員選挙で戸別訪問をした被告人に無罪を言い渡していた。

任官から6年目だった安倍は、簡易裁判所の判事も兼務していて、妙寺簡裁判事として「買収や利害誘導、威迫などの不正行為はそれ自体選挙人の基本的人権である投票の自由を侵害し、選挙の自由と公正を根底からくつがえすものであるから、ここにいう重大な害悪ということができよう。しかしながら、戸別訪問自体はこれら不正行為とは異なって本来何らの実質的違法性を有するものではない」「明白かつ現在の危険の存在しない場合においても戸別訪問を禁止することは憲法二一条一項に違反して許されない」という判決を書いたのである。

以来、安倍を取り巻く状況は一変することになる。定年退官後に出版した『犬になれなかった裁判官』のなかで安倍は述べている。

「この違憲判決以降、周囲の裁判官の私に対する接し方は、徐々に変わっていったように思う。私は、自分の考えが裁判官の中では少数派であることは自覚していたが、それでも、たとえ主義・主張を異にする人に対しても自分の考えを話すことを信条としていた。初めのうちは、私の意見を聞いて反論されることもあったが、そのうち聞き流されるようになり、最後には聞くことを拒まれるようになった。遂には、私に話しかけられる場を避けるようになる。

裁判所の内部問題について話しかけると、『裁判所内ではそういう話をしないでください』と言われ、さらに進むと『裁判所内では、用もないのに話しかけないでください』と言われる。嫌われていないと思われる裁判官でも、『夜電話してください。お宅に伺いますから』と言われることが多かった」

同僚裁判官たちから露骨に避けられただけでなく、最高裁に歯向かった判事補という烙印を押され、安倍は、定年退官に至るまで合議体の裁判長になることはなかった。

そんな現実をまざまざと見せつけられてきただけに、生田は、自らの考えを合議の場で主張できなかったのだ。

そして生田の上司であった神戸地裁尼崎支部長は、次の異動で無事、釧路地家裁所長へと栄転していった。何かの機会で再会した折、元上司は「あの時、生田君が憲法違反だと主張しなかったので助かった。おかげで所長になれたよ」と語っている。

元上司が言わんとしたことは、公選法の禁止規定には自分も違憲との思いがあり、生田がそれを強く主張すれば受け入れざるをえなかった。主張してくれなかったおかげで、あえて目をつぶることができ、昇進の道が閉ざされずに済んだということだった。

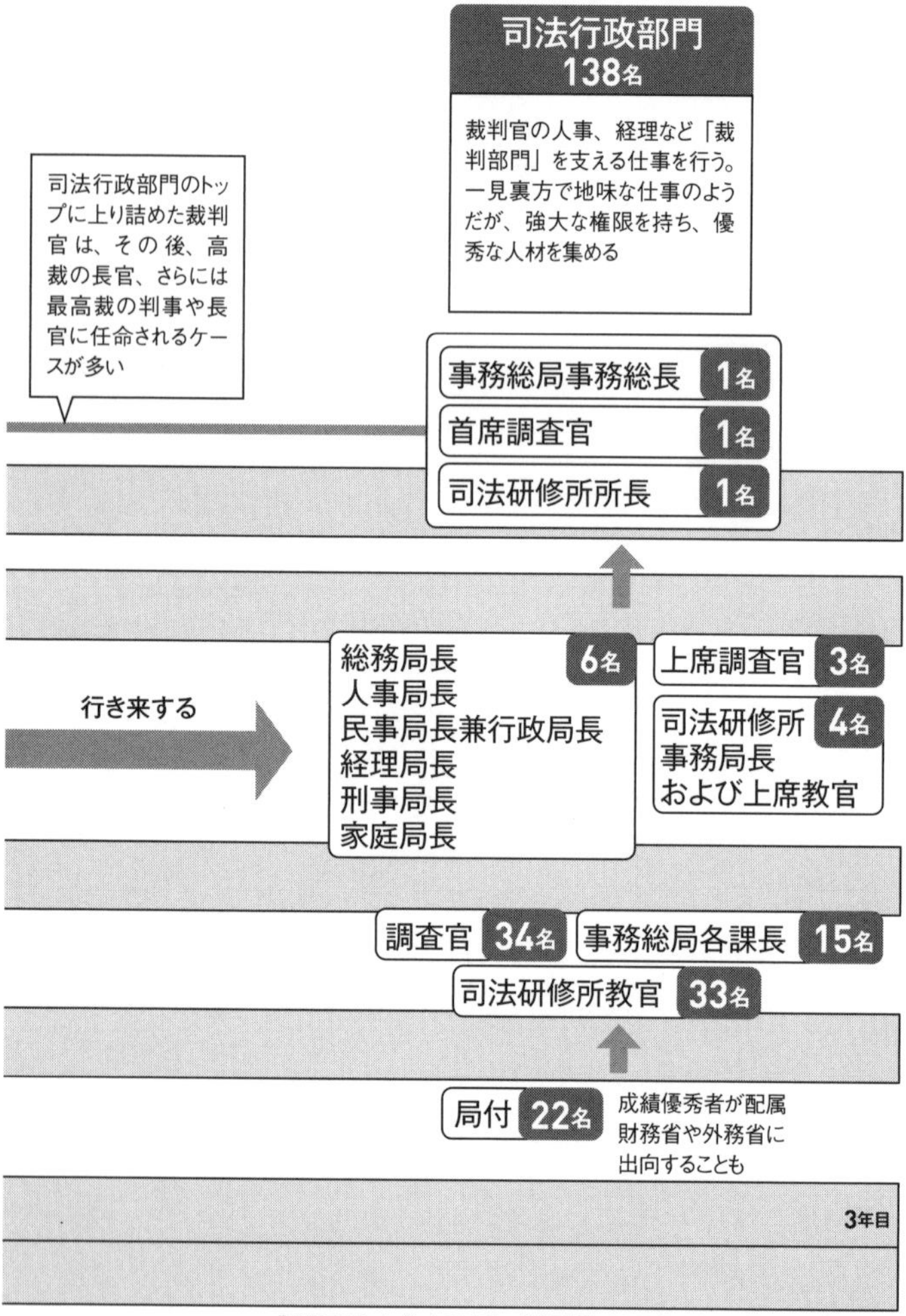

『裁判所データブック2016』、『職員録』2016年8月1日現在（法曹会刊）、
『全裁判官経歴総覧』（第5版）などを参照し作成

裁判官の「出世ピラミッド」

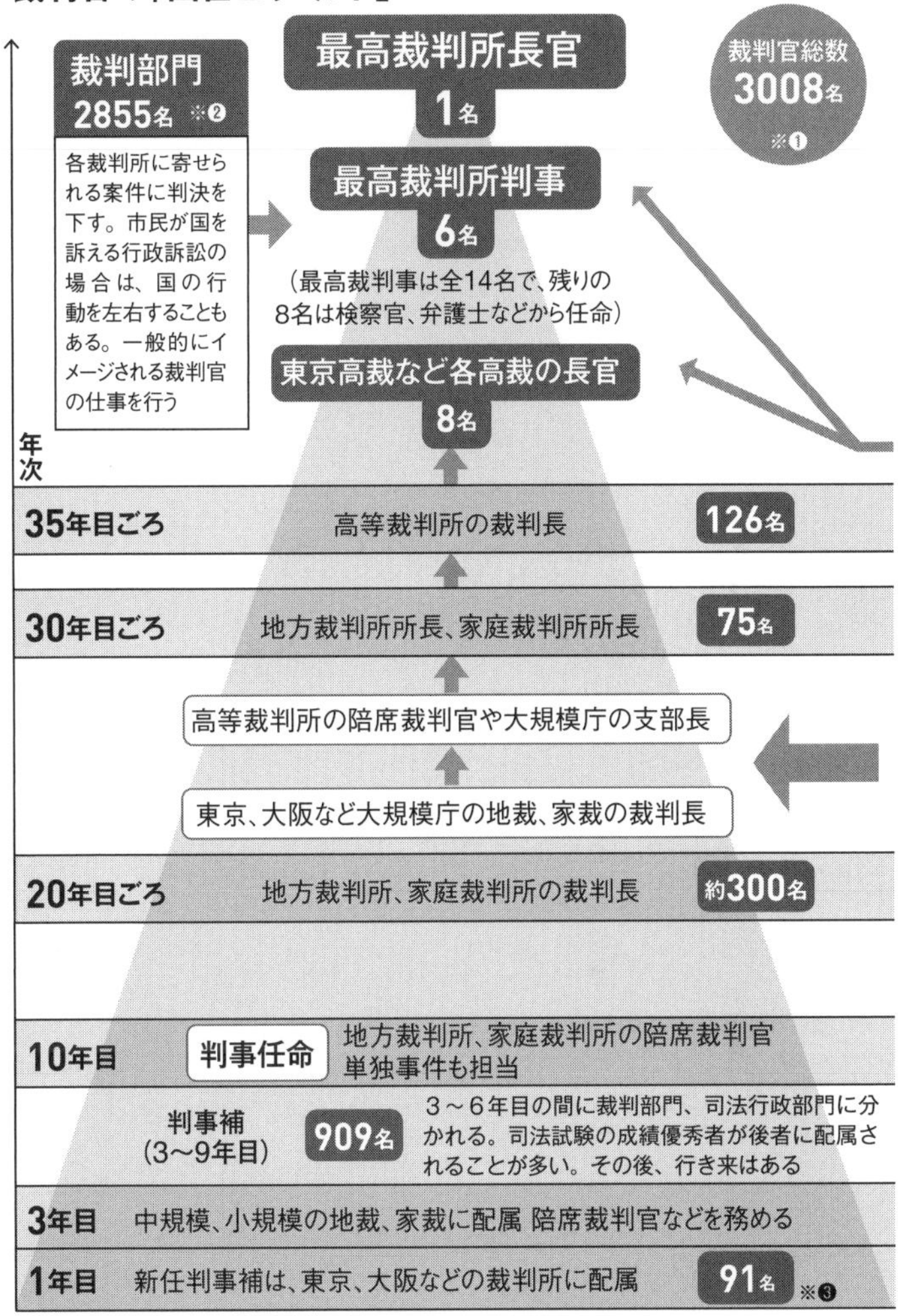
最高裁判所長官
1名
裁判官総数
3008名
※❶
裁判部門
2855名 ※❷
各裁判所に寄せられる案件に判決を下す。市民が国を訴える行政訴訟の場合は、国の行動を左右することもある。一般的にイメージされる裁判官の仕事を行う
最高裁判所判事
6名
（最高裁判事は全14名で、残りの8名は検察官、弁護士などから任命）
東京高裁など各高裁の長官
8名
年次
35年目ごろ
高等裁判所の裁判長
126名
30年目ごろ
地方裁判所所長、家庭裁判所所長
75名
高等裁判所の陪席裁判官や大規模庁の支部長
東京、大阪など大規模庁の地裁、家裁の裁判長
20年目ごろ
地方裁判所、家庭裁判所の裁判長
約300名
10年目
判事任命
地方裁判所、家庭裁判所の陪席裁判官
単独事件も担当
判事補
（3～9年目）
909名
3～6年目の間に裁判部門、司法行政部門に分かれる。司法試験の成績優秀者が後者に配属されることが多い。その後、行き来はある
3年目
中規模、小規模の地裁、家裁に配属 陪席裁判官などを務める
1年目
新任判事補は、東京、大阪などの裁判所に配属
91名 ※❸

※①簡易裁判所を除く　②最高裁長官、同判事を除く　③2015年の任官者数

第二章　原発をめぐる攻防

原発を停めた男

その冬、金沢市は20年ぶりの記録的な大雪に見舞われていた。年末から降り続いた雪は、年が明けても止むことがなく、市内各地の小学校周辺の通学路は雪に埋もれ、児童の通学にも支障をきたしたほどだった。

ＪＲ金沢駅から南東の方角に1キロメートルほどいった金沢城公園に隣接する金沢地方裁判所もまた、雪の中にあった。加賀藩主前田家の居城跡に造園された公園の一辺に沿うように建てられた金沢地裁は、３階建ての横長の庁舎である。

新年の松の内も過ぎ、日常が取り戻されて何回目かの土曜日、裁判所総務課の女性職員が休日出勤し、ひとり溜まった仕事を処理していると、静まりかえった庁舎のどこかから何者かが走ってくる薄気味悪い音が聞こえてきた。気になって仕事が手につかなくなり、意を決して恐る恐る廊下を覗いてみると、薄暗い建物の向こうからジャージ姿の男が向かってくる。なおも目を凝らして見ていると、それは民事部の井戸謙一裁判長（部総括。31期）だった。

女性職員は、井戸に言っている。

「幽霊でも出たのかと思ったら、部長だったんですね。びっくりしました」

この日から約2ヵ月後の２００６年3月24日、井戸は、稼働中の原発を裁判史上はじめて停止させる判決を言い渡した。任官して27年目、52歳の時だった。東日本大震災によって、東京電力福島第一原子力発電所が過酷事故に見舞われる5年前のことである。

井戸は判決文で、北陸電力が石川県能登半島の中部に設置した志賀原発2号機の安全対策が十分ではなく、同原発を運転してはならないと言い渡した。直下型地震の想定が過少に評価されているうえ、活断層帯における地震規模の評価も適切でなく、想定を超えた地震によって原発に事故が発生し、地域住民が被曝する具体的可能性を指摘したのである。

判決の衝撃は凄まじかった。負けるはずはないと高を括っていた電力会社は大いに慌て、経済産業省（経産省）もまた、傘下の「原子力安全・保安院」に地震対策の改定作業を急がせている。

安全審査の要である「耐震設計審査指針」は、１９７８年の策定以来、抜本的な見直しがなされておらず、２００１年からはじめられた見直し作業も5年にわたり協議は難航していた。しかしこの判決から半年後には、あっさり改正された。

早急に必要な補強策を整えなければ、他の原発訴訟の審理にも影響がでると怖れたからだ。そして「原子力安全・保安院」は、改正の翌日には早くも、全国58基の原発や再処理工場など62施設を管理する電力会社などに、新基準による耐震安全性の確認をおこなうよう指示を出している。

原発行政に一石を投じることになった井戸は、退官後、好むと好まざるとにかかわらず、原発訴訟の先頭を行くリーダーのひとりに押し上げられていた。福井原発訴訟弁護団長を務める井戸は、滋賀県彦根市の弁護士事務所で当時を振り返った。

「あの時点で、僕は、原発がなかったら日本の社会は成り立たないと思ってましたし、原発訴訟は住民側の全敗でしたから、まあ、同じような判決を書くんだろうなぐらいのイメージだった。でも、いろいろ審理していくと、電力会社の姿勢に危惧される面があった。さすがにこれだけ危険なものを扱うのに、この姿勢ではダメだろう。やる以上は、もっと耐震性を高めてから稼働させるべきというのが、あの判決の趣旨なんです」

政府が国策として進める原発事業の是非を、選挙の洗礼を受けていない裁判官が、わずか3名で判断するのは勇気のいることだ。まして電力の安定供給にかかわる重要政策であり、日本経済に打撃を与えかねない。当時もいまも、ほどほどのところで妥協すべきという空気が、常に裁判所内には蔓延している。

「社会的影響や予想される批判を視野に入れると、重圧と葛藤に苛まれ、身動きがとれなくなってしまう」と井戸は言った。

「だから、法廷の中だけに意識を集中するようにしていました。審理方針は、住民側の疑問に対し、電力会社側に安全であることを立証してもらい、それが出来ないかぎり原発を停止させるというものでした」

「立証責任の転換」と呼ばれるこの判断枠組みは、それまでの原発訴訟では一度も使われたことがなかった。民事訴訟の基本原則は、訴えを起こした住民側が、原発の危険性を証明しなければならないとしているからだ。しかし膨大なデータを保有する電力会社と争い、住民側がその危険性を立証することは困難を極める。また、住民側の立証が不十分だからと訴えを退けていたのでは、本当のところ、原発の安全性と危険性を見極めることができない。そこで井戸は、原発が安全であり運転しても何ら問題ないということを、電力会社側に立証するよう求めたのである。

もともとこれは、高度経済成長期の工場排水や、コンビナートの排ガスなどによって引き起こされた四大公害事件の審理において用いられた判断枠組みであった。

熊本の水俣病、新潟の第二水俣病（阿賀野川水銀汚染）、富山のイタイイタイ病（神通川カドミウム汚染）、そして四日市ぜんそくが大きな社会問題となり、その救済策として生み出されたものである。

1970年5月6日の参議院公害対策特別委員会に最高裁が報告したところでは、この時点で各患者団体が起こした訴訟が186件、話し合いで解決策を探る調停事件が47件、合計233件の裁判がおこなわれていた。そしてその悲惨で過酷な実態が広く報道されるなか、『裁判所は、何をしているんだ』と言われること」を怖れた最高裁は、患者救済に大きく舵を切ることにしたのだ。

当時、公害訴訟の審理方針を模索していた最高裁民事局長兼行政局長で、その後、最高裁長官となる矢口洪一は語っている。

「工場から本当に、その水銀が出て来ているのかどうかという因果関係の問題は、工場の排水口まで辿り着けたら、あとはいいんじゃないか、と。大気汚染だって、四日市の周辺の人間が、みんな同じような難に遭っていたら、それこそ疫学的方法で、いいことにしたらいいじゃないか、と。結局、そういうことになったのですね。

原告が、因果関係を最後まで証明しなければいけないという、今までの理屈からすると、証明は不十分かも知れません。しかし逆に、もうこの辺でいいじゃないかということでいけば、それで十分なんです。同時に、本当にそうではないのなら、『そうではないということを、会社側が言いなさい』と。『ここは、こういうふうになっていて、俺のところは、こういう浄化装置で、こうしているんだから、俺のところから出たものじゃない』と。そう言えるのなら、言いなさい、と。疫学的方法と立証責任の転換とを使って、やっていこうじゃないかという協議がまとまったわけです」

疫学的方法とは、伝染病などの病原体が不明でも、患者が発生した地域や発生状況の観察から発生源を推定する統計手法である。政府にとって患者救済が喫緊の政治課題であったため、その意向を受ける形で最高裁もまた、これまでになかった立証方針を採用することにしたのである。

この「立証責任の転換」という審理方針は、35年余りの時を経て、井戸によって再び採用されることになった。

「変わり者」というレッテル

北陸電力も政府も、井戸の訴訟方針を軽く見ていたことに、のちのち臍《ほぞ》を嚙むことになる。

彼らは、電力会社側を負けさせる裁判官がいるとは思わなかっただけでなく、自分たちに原発稼働の決定権があると、いとも簡単に信じ込んでいた。その驕りが、法廷で安全性の立証が足りないと求められても、「もう、主張しません」と述べさせていたのである。

電力会社側の傲慢な態度に内心呆れ返りながら、井戸は審理終結後、左陪席裁判官が起案した判決原案を手元に抱え、幾度となく手を入れ続けた。

「きちんとした事実認定と、そこから導いた合理的な推論にもとづく結論を書けなければ、原発推進勢力だけでなく、裁判所内からもバッシングを受けるのはわかっていた。そんな羽目には陥るまいと心に誓っていたので、年が明けてから判決までの間、家族の住む滋賀県には一度も帰らず仕舞い。単身赴任先の官舎と裁判所を行き来する毎日を過ごしていた。ようやく、これでいけると思えたのは2月中旬くらいで、判決期日まで1ヵ月を切っていた。それまでは、果たして書き上げられるかどうか不安で、夜、布団に入って考えていると、びっしょり汗をかいていたこともありました」

平日の勤務時間中は割り当てられた他の裁判の処理に追われるため、原発訴訟の判決文の手直しは土日が中心となった。毎週末、午前8時前に裁判所近くのコンビニに立ち寄り、おにぎり3個とペットボトルのお茶、それに菓子類を買って登庁すると、裁判官室でひとり、ひたすら作業に没頭していたのである。そして午後3時頃になると気分転換と運動不足の解消のため体操着に着替え、大雪で外を走れないかわり、裁判所内の廊下を1階、2階、3階と、隅から隅まで走っていた。それが先の女性職員を驚かせたシーンだった。

判決文の修正作業は、遅くとも夜9時には切り上げると、官舎近くのスーパーで数種類のつまみを購入してから帰宅。官舎で一杯やるのが唯一の楽しみだったという。ここまで語ったのち、井戸はしばし沈黙し、忸怩たる思いを滲ませながら言った。

「裁判官人生を振り返ってみると、僕なりに日和《ひよ》ってるんですよ」

この時、井戸の脳裏には裁判官の自主的な集まりであった青年法律家協会裁判官部会や、その後継団体である如月会、全国裁判官懇話会のメンバーの顔が浮かんだようだった。これらの団体に集う裁判官を最高裁は嫌い、その中心メンバーは露骨な人事上の差別を受けていた。井戸も如月会や全国裁判官懇話会の活動に携わっていたが、積極的に活動するというより、どちらかと言うと腰が引けていたという。

「裁判官になった以上、地裁の裁判長（部総括）にはなりたかった。いずれ重大な、社会的に意味のある事件を審理したいという思いはありましたから自己規制もした。もちろん、裁判で判決を書くにあたって自己規制したことはない。しかし、司法のあるべき姿を議論する裁判官の自主的な運動に関わっていながら、目立つポジションを避けてきたんですね」

そんな井戸が雌伏の時を経て、裁判長として書き上げた志賀原発の運転差し止め判決は、しかし二審で覆され、2010年10月末には最高裁で住民側敗訴が確定している。東京電力の福島第一原発で過酷事故が起きたのは、その約4ヵ月半後のことである。

批判に臆することなく原発の稼働停止を言い渡した井戸には、いつの頃からか、変わり者の裁判官というレッテルが貼られるようになっていた。

金沢地裁から京都地裁に異動になった時には、同僚の部総括から「どんな人が来るのかと思っていたら、けっこう普通の人でした」と言われたことがあった。またその後、大阪高裁の上司である部総括からは、こんな内緒話を明かされた。

「あなたについては、高裁の事務局から、変わり者の裁判官なので、ご苦労されるかもしれないと言われていた……」

井戸が57歳で依願退官したのは、福島第一原発の事故から約3週間後のことだったが、事故と退官は関係ないと言った。

「裁判官を辞めようと決めたのは、福島の原発事故が起こる前年の秋ですから、その時点で原発の事件をやろうなんて露ほども考えていなかった。8年間、地裁の部総括をやって、高裁の右陪席に異動になりましたが、やっぱり地裁の裁判長がいちばん面白いんですよ。そういう意味で、裁判官として面白い時期は終わったかなと。それにこの時期、一番下の子供が就職して、子育ての責任から解放されましたから、あとは夫婦二人が食べていければいいんで、彦根で、地方都市の弁護士として細々とやっていければいいかという感じだったんです。ところが、いまや、原発訴訟にどっぷりつかっている。事務所経営のために他の事件もしなきゃならないけど、まあ7割くらいは原発関係を扱っていると思います」

画期的な判決

福島第一原発の事故後、原発の安全性は、それまで経産省の傘下にあった「原子力安全・保安院」にかわって、環境省の外局に新設された「原子力規制委員会」が「新規制基準」に基づいて審査することになった。事故を受けて安全基準を見直すとともに、原発事業を推進する経産省ではなく、放射能の影響などをチェックする環境省の下に置くことで、信頼性を担保し、電力会社への監査機能を強化しようとしたのである。

この新規制基準への評価と、裁判長の審理姿勢に端的な違いが表れたのは、福井県の若狭湾に面した大飯原発への訴訟である。

福島原発の事故から1年8ヵ月後の2012年11月、福井県の地元住民などは、安全性が保障されていないとして大飯原発（3号機、4号機）を運用している関西電力に対し、運転差し止めを求める民事訴訟を起こした。

福井地裁で同訴訟を担当した樋口英明裁判長（35期、当時61歳）は、約1年半の審理を経て、「大飯原発の安全技術と設備は脆弱なものと認めざるを得ない。同3号機及び4号機の原子炉を運転してはならない」と言い渡した。

この判決が大きな反響を呼んだのは、単に原発を停めたというだけでなく、裁判長が原発に対する自分の考えを堂々と口にしたことだった。

「個人の生命、身体、精神及び生活に関する利益は、各人の人格に本質的なものであって、その総体が人格権であるということができる。人格権は憲法上の権利であり（13条、25条）、また人の生命を基礎とするものであるがゆえに、我が国の法制下においてはこれを超える価値を他に見出すことはできない」「極めて多数の人の生存そのものに関わる権利と電気代の高い低いの問題等とを並べて論じるような議論に加わったり、その議論の当否を判断すること自体、法的には許されない」

安全性よりも発電コストを優先する原発行政を断罪する胸のすく判決として、地元住民だけでなくマスコミからも喝采を浴びたが、一方で、政府や電力会社側からは「あの判決は何だ。はじめから停止ありきで、ちゃんと審理していないではないか」といった批判と不満が噴出した。この反発が、やがて一種の圧力となり裁判所内にじわじわと浸透したことで、原発訴訟の司法審査に変容をもたらす、強い潮流を生み出すことになるのである。

直接的で強力にして、かつ揺らぐことのない明白な変容は、「樋口判決」から約半年後になされた、大飯原発への再度の運転禁止を求める住民側の仮処分申請と、その決定取り消しを求めた関西電力側の異議申し立てにあらわれた。

大飯原発は、一審判決で運転禁止を言い渡されたものの、関西電力がただちに控訴したため、法理論上は再稼働が可能となっていた。上級審で判決が確定しない限り、運転禁止の効力は及ばないからだ。

またこの訴訟と並行して、原発再稼働の前提となる国の安全審査がなされるなか、大飯原発への稼働認可が出そうな雰囲気だったため、何としても原発を停めたい住民側は大飯原発に加え、高浜原発に対しても運転差し止めを求める仮処分申請をおこなったのである。

原発再稼働をめぐる裁判所の「重要判断」

	原発名	判断	裁判所・裁判長名	判断基準
2006年3月24日	志賀原発2号機	運転差し止め	金沢地裁 井戸謙一	原発の安全性を電力会社の側に立証させる判断枠組みを採用した（立証責任の転換）
2011年3月11日	東日本大震災			
2012年9月19日	経産省傘下の原子力安全・保安院にかわり、環境省に原子力規制委員会を設置。新規制基準の運用が始まる			
2013年2月12日	最高裁司法研修所が、原発訴訟の事実上の「ガイドライン」を示す 行政側の安全審査に手続き上の瑕疵がなければ「再稼働容認」とすべき			
2013年9月～	国内全ての原発が稼働停止			
2014年5月21日	大飯原発3・4号機	再稼働を禁止	福井地裁 樋口英明	人の生存に関わる権利を電気料金と並べて論じることは許されないとした
2015年4月14日	高浜原発3・4号機	再稼働禁止の仮処分	福井地裁 樋口英明	【住民の安全性を重視】新規制基準が緩やかすぎ、当該の原発の安全性は確保されていない
2015年12月24日	高浜原発3・4号機	再稼働を容認	福井地裁 林潤	【最高裁のガイドラインにしたがった判断】新規制基準に不合理な点はないとした
2016年4月6日	川内原発1・2号機	再稼働を容認	福岡高裁宮崎支部 西川知一郎	最高裁のガイドラインにしたがい、さらに住民が求める原発の「ゼロリスク論」を排除
2017年3月30日	伊方原発3号機	再稼働を容認	広島地裁 吉岡茂之	上述の福岡高裁宮崎支部の判断枠組みを踏襲した
2017年12月13日	伊方原発3号機	再稼働を禁止	広島高裁 野々上友之	【住民の安全性を重視】阿蘇山の破局的噴火が起きる可能性があるとした
2018年9月25日	伊方原発3号機	再稼働を容認	広島高裁 三木昌之	福岡高裁宮崎支部の判断枠組みを踏襲。破局的噴火が起きる具体的な危険性はないとした

大飯原発と高浜原発は、ともに若狭湾に向けて角のように突き出たふたつの半島にそれぞれ設置されていて、距離にして14キロしか離れていない。そのため一方を停めても意味がなく、両原発をセットで停めるよう住民は求めたのである。

通常の訴訟と違って、仮処分申請は緊急性を要する事案などに裁判所の暫定的な判断を求めるものである。従って判断が下されるまでの審理期間が短く、原発をとりあえず停めるには有効な法手続きとして、これ以降、多用されることになる。

この審理もまた樋口裁判長が担当し、一向にひるむところがなかった。2015年4月14日、住民側の訴えを認め、再度、原発の稼働禁止を言い渡した。

同決定書は、高浜原発について、関西電力の安全対策は「国民の安全が何よりも優先されるべきであるとの見識に立つのではなく、深刻な事故はめったに起きないだろうという見通し」のもと運転されているうえ、「新規制基準は緩やかにすぎ、これに適合しても本件原発の安全性は確保されていない」と稼働を禁止した。一方で、もうひとつの大飯原発については判断を保留している。この時点では、いまだ原子力規制委員会による稼働の許可が下りていなかったため、判断すべき緊急性がないとしたからだ。

ついでながら注意しておくべきことは、この2週間前の4月1日付で樋口裁判長には名古屋家裁への異動が発令されていたことだ。しかし福井地裁で決定を言い渡せるよう名古屋高裁に対し、名古屋家裁と福井地裁での併任辞令を申請し、認められていたのである。かりに、併任辞令が認められていなければ、新裁判長のもとで審理がやり直され、決定がひっくり返っていた可能性があると言われている。

樋口裁判長のもとで陪席裁判官をつとめた二人の裁判官も、同じく4月1日付で担当部が変わっている。総入れ替えとなった福井地裁民事第二部に、あらたにやって来た3人の裁判官は着任して8ヵ月後、関西電力が求めていた異議申し立てをあっさり認め、樋口裁判長の決定を取り消し、高浜原発の再稼働を容認している。

「原子力規制委員会の判断に不合理な点はないものと認められ」「（住民側の）主張疎明その他本件に現れた一切の事情を考慮しても、本件原発の安全性に欠けるところがあり、……生命、身体、健康が侵害される具体的危険があると認めるには足りないといわざるを得ない。そうすると、本件仮処分命令申立ては、その余の点について判断するまでもなく、いずれも理由がない」

この決定を下した3人の裁判官は、いずれもが最高裁のお眼鏡にかなったエリートであった。林潤裁判長（49期、当時46歳）ほか、山口敦士右陪席裁判官（54期、当時39歳）、中村修輔左陪席裁判官（58期、当時37歳）は、ともに司法試験と司法研修所の卒業試験が上位でないと赴任できないとされる東京地裁や大阪地裁が初任地で、その後、最高裁事務総局の局付判事補を務めている。

裁判体を構成する3人の裁判官が、「局付経験者」で占められる例は非常に珍しく、樋口裁判長の「運転禁止判決」に衝撃を受けた最高裁が、大飯原発と高浜原発を再稼働させるため特別に発令した人事だと信じる裁判官は少なくない。

局付経験者がエリートの証であることを、「ミスター司法行政」と異名をとった元最高裁長官の矢口洪一は、政策研究大学院大学作成の『オーラル・ヒストリー』の中で語っている。

「ほんの極々一部の人は教官（註：司法研修所教官）になったり、調査官になったり、事務総局に入ったりします。局付になりますと、ちょうど行政庁の属官になったのと同じような意味において、いろいろなことをやります。『大蔵省との折衝は、こうなんだな』『予算要求というのは、こういうものなんだな』『定数の要求とは、こういうものなんだな』ということが分かるし、国会に対する資料作りとか、いろいろなことをやるわけです」

矢口は、44年に及ぶ裁判官人生のなかで法廷での審理に携わったのはわずか10年。あとはすべて最高裁事務総局の民事局長、人事局長など中枢部門を歩み続けた典型的な「司法行政官僚」だった。強烈な個性に見合うだけの知性と行動力を兼ね備え、組織を牛耳り、意に沿わない裁判官は容赦なく人事で冷遇した。多くの裁判官から独善的で強権的と恐れられたが、その挑発的で非情な態度が追い風となって強いリーダーシップを発揮した長官でもある。

矢口が述べているように将来、裁判所を背負って立つ「司法行政官僚」としての基礎的訓練を受けるのが局付なのである。

原発を停める「代償」

林裁判長が、高浜原発の再稼働を認めるにあたって使った判断枠組みは、井戸裁判長や樋口裁判長が用いていたものと違い、最高裁が示した原発訴訟のガイドラインに従ったものだった。

福島原発の事故からわずか1年半ほどの間に、各地の原発に対し運転差し止めを求める訴訟が頻発し、主だったものだけでも全国11の裁判所に14件持ち込まれていた。そのため最高裁は、2013年2月、司法研修所で「複雑困難訴訟に関する特別研究会」を実施。その議論の結果を、原発訴訟の事実上のガイドラインとして文書にまとめていたのである。

同文書には、原発訴訟についての指示めいた記述はないが、最高裁が望んでいるであろう訴訟方針をふたりの裁判官が、意見として述べている発言が掲載されている。匿名処理された意見は、ひとりが「基本的には伊方原発最判の判断枠組みに従って今後も判断していくことになると思う」と述べると、もうひとりが、「伊方原発最判の枠組みで判断することに賛成である」として、その必要性を強調する立て付けになっている。

「伊方原発最判」とは、愛媛県伊方町の伊方原発1号機の設置許可取り消しを求めた行政訴訟に対し、1992年に出された最高裁判決である。

同判決要旨は、高度な専門性が求められる原発の安全性を、専門知識を持たない裁判官が判断するのは難しい。したがって裁判官は、行政側の審査基準が正当かどうか、その審査過程で大きな手続き上の欠落がないかを審査し、安全性の独自審査には自制的であるべきとの判断を示したものだった。

林裁判長は、まさにこのガイドラインに従い、「原子力規制委員会の判断に不合理な点はない」として、原発の再稼働を認めていたのだ。

原発の稼働を禁止した樋口裁判長と、その稼働を容認した林裁判長の相反する仮処分決定の影響をもっとも受けたのは、住民でも電力会社でもなく、原発訴訟を担当している裁判官たちだった。

ある若手裁判官は、原発を停めた樋口裁判長が名古屋家裁に飛ばされたのを見て、支払うべき代償を意識しない人はいないはずと言った。

地裁の裁判長が、家庭裁判所に異動させられることを裁判所内では「家裁送り」と呼んでいる。家裁は、離婚や相続など家庭や親族間の問題を扱うため、地裁のように社会的に注目を集める事件や憲法判断をともなう重要事件を担当することは滅多にない。ベテラン裁判官が「家裁送り」になるということは、第一線から外されるだけでなく、裁判所からの追い出しを謀られているに等しい左遷人事である。

一方、原発を停めなかった林裁判長には、やがて望ましい処遇が巡ってくると誰もが予想している。無意識のうちにも彼らが抱えている、地位と待遇への抑えがたい欲求を裏切る人事など考えられないからだ。

林裁判長をよく知るベテラン裁判官はこう言った。

「もともと林さんは、任官以来、エリートとして走り続けてきた人で、将来、最高裁入りするだろうと言われていた。ところが、ここ10年ほどは遅れが出はじめていて、宮崎地裁や福岡地裁を遍歴してるんです。本籍ともいうべき東京に戻してもらえない。少なからず焦りはあったはずです。それだけに、福井地裁への異動を告げられた時、そこでの役割を忖度し、原発を再稼働させる肚を固めていたはずです」

林裁判長と面識のある若手裁判官によれば、「林さんの趣味の、ヒップホップ・ダンスが遅れの原因」という。

「林さんは、『ダンシング裁判官』とあだなされるほど、ダンス好きで、夕方、法廷業務が終わると、裁判所の弁論準備室等を使い書記官や司法修習生を引き連れては、よくダンスに興じていた。あくまで自主的な集まりで強制はなかったようですが、職員でない司法修習生を引き連れてのダンスに眉をひそめる裁判官は少なくなかった」

裁判所に限らず、どの組織にも妬《ねた》みが渦巻いている。ダンスを強いられた書記官たちの不満など仕事以外のことで評判を落とし、それが人事評価に跳ね返っていたということは、じゅうぶん考えられることだ。ある意味、失地回復の機会を与えられた赴任であったと言えよう。

原発裁判と出世

ここで興味がそそられるのは、原発を停めた裁判長と、原発の再稼働を認めた裁判長では、その経歴において際立った違いがあることだ。

原発の安全性や電力会社の技術的能力などを厳しくチェックする裁判長は、地方裁判所などで各種各様の裁判をこなしてきた人が多いのに対し、最高裁事務総局に勤務経験のあるエリー

ト と称される裁判長は、原発の安全性は行政庁によって保障されているとの前提のもと、再稼働を容認する傾向にある。

ちなみに原発訴訟の特徴は、原発の立地県の住民だけでなく、事故が起こった際にその影響を受ける他府県の住民もまた、行政区域を越えて運転差し止め訴訟を起こせるところにある。

先の高浜原発について言えば、事故が起これば琵琶湖が汚染され、滋賀県民が被害を受ける。そのため、福井県高浜町から65キロ離れた大津地裁にも、高浜原発に対し、運転差し止めを求める仮処分申請が持ち込まれた。

これを審理した大津地裁の山本善彦裁判長（40期、当時61歳）は、大阪地裁を振り出しに横浜、神戸、鹿児島などの地裁で裁判実務一筋に歩んできた。「おとなしく、目立たないが、記録をよく読み、よく考え、事実を見る目は確かな人」と言われている。その山本裁判長は、2016年3月9日、高浜原発の再稼働禁止を言い渡した。

同決定書は、その理由をこう述べている。

「原子力発電所による発電がいかに効率的であり、発電に要するコスト面では経済上優位であるとしても、それによる損害が具現化したときには必ずしも優位であるとはいえない上、その環境破壊の及ぶ範囲は我が国を越えてしまう可能性さえある」「新規制基準において、新たに義務化された原発施設内での補完的手段とアクシデントマネジメントとして不合理な点がないことが相当の根拠、資料に基づいて疎明されたとはいい難い」「福島第一原子力発電所事故を踏まえた過酷事故対策についての設計思想や、外部電源に依拠する緊急時の対応方法に関する問題点……、耐震性能決定における基準地震動策定に関する問題点……について危惧すべき点があり、津波対策や避難計画についても疑問が残る……よって、主文のとおり決定する」。「高浜発電所三号機及び同四号機を運転してはならない」。

この決定に対し、二審に相当する仮処分の保全抗告審を担当した大阪高裁の山下郁夫裁判長（31期、当時62歳）は、正反対の判断を下し、逆転で原発の再稼働を容認した。新規制基準は最新の科学的、技術的知見に基づいているうえ、高浜原発は新規制基準に適合していて安全性が担保されているとしたのだ。この人も局付経験者で、最高裁調査官を務めたトップエリートである。

九州電力の川内原発（1号機&2号機）に対する運転差し止めの仮処分申請にしても、鹿児島地裁の前田郁勝裁判長（46期、当時57歳）は、「新規制基準の内容に不合理な点があるということにはならない」として再稼働を容認し、福岡高裁宮崎支部の西川知一郎裁判長（37期、当時55歳）は、その判断を維持した。西川裁判長もまた局付経験者で、最高裁調査官を務めたエリート裁判官である。

西川裁判長は、この決定において原発はそもそも安全ではないという事実を正面切って取りあげた。この判断枠組みは、原発再稼働へ向けた司法判断を固定させるフシが感じられるもので、それまで誰も表だって口にしてこなかったタブーを白日のもとに晒すことで、審理のポイントをより明確化したのである。

同決定書は、原発事業からリスクを排除することは不可能として、こう述べている。

「新規制基準に反映された科学的、技術的知見が最新のものであるとしても、科学的技術的知見に基づく将来予測には、……不確実性が不可避的に存し、予測を超える事象が発生する可能性（リスク）は残るのであって、本件原子炉施設において策定された基準地震動を上回る地震動が発生する可能性（リスク）は零にはならない」「自然現象等の影響等により重大事故等対処施設が正常に機能せず、あるいは現場の混乱等により人為ミスが重なるなどの不測の事態が生じる可能性も皆無ではない」

判断枠組みの成立

しかし、そのような排除しきれないリスクを抱えているものの「新規制基準の定めを全体としてとらえた場合には、発電用原子炉施設の安全性を確保するための極めて高度の合理性を有する体系となっている」。そうである以上、住民らの「生命、身体に直接的かつ重大な被害が生じる具体的な危険が存在するということはできない」として、一審の再稼働容認を支持したのだ。

この決定を換言すれば、住民が求める安全性、つまりは「ゼロリスク」を保障しようとすれば、時間と費用が嵩むばかりで、いつまでたっても原発を稼働させることはできない。福島第一原発の事故後、行政庁が定めた高度の合理性を有する新規制基準をクリアーしていることを電力会社が立証できれば、住民の不安は解消されなくても稼働を容認するというものだ。

西川裁判長が示した「ゼロリスク論」を排除した判断枠組みは、早速、原発訴訟を担当する裁判官たちが「参照」することになる。なかでも象徴的だったのが、四国電力の伊方原発3号機をめぐる広島地裁と広島高裁における3人の裁判長の判断だろう。

原発再稼働を容認した地裁の裁判長に対し、ベテランの高裁裁判長が待ったをかけたものの、すぐさま同僚の高裁裁判長によって退けられ、最終的に再稼働の決定が下された。

広島地裁の吉岡茂之裁判長（48期、当時47歳）は、2017年3月30日の決定書で「福岡高裁宮崎支部の決定を参照するのが相当」と断ったうえで、「四国電力は……具体的危険がないことについて、仮処分で求められる程度の立証をした」として再稼働を容認した。吉岡裁判長もまた、司法研修所教官を務めたエリートである。

ところがこの決定を不服として、住民側が起こした即時抗告審で、広島高裁の野々上友之裁判長（33期、当時64歳）は、約9ヵ月間の審理ののち地裁の決定を覆し、高裁裁判長としてははじめて原発の運転禁止を命じた。

同判決要旨は、最新の科学的知見をもとに専門家が分析したところ、約9万年前に阿蘇山で大規模な噴火が起きていることが判明している。その際噴出した火砕流は、海峡を越え130キロ離れた伊方原発の敷地エリアまで到達していた。阿蘇山の大規模な破局的噴火は、原則40年とされる原発の運転期間中に発生する可能性があるうえ、国内最大の活断層である中央構造線断層帯に近いため、噴火リスクだけでなく、地震や津波などによって原発が壊滅的打撃を受ける可能性がある。そもそも立地に適さないエリアに伊方原発は建設されているとして、再稼働を禁止したのである。

リスク以前に、そもそもこの地に原発を設置した行政の誤りを指摘するとともに、原発行政に事実上の「治外法権」を認めようとする裁判官たちの姿勢を批判するものだった。

当然、四国電力は、この高裁決定に不服を申し立て、その異議審を審理した広島高裁の三木昌之裁判長（36期、当時62歳）は、2018年9月25日、稼働禁止の仮処分決定を取り消し、再稼働を認めている。

シーソーのように入れ替わった判断の理由を、三木裁判長は同決定要旨でこう示した。「破局的噴火は、他の自然災害などとは異なり国家の解体、消滅をもたらし得る大規模な災害」であるものの、現時点ではその差し迫った動きがみられない。そうである以上、「これを具体的危険として認めず、抽象的可能性にとどまる限り容認する社会通念が存する」。また四国電力は、住民らが「その生命、身体に直接的かつ重大な被害を受ける具体的危険が存在しないことについて、主張、疎明を尽くした」。

このふたつの高裁判決を見比べて、元裁判官はこう述べた。

「原発を停めた野々上裁判長は、この判決から8日後に定年退官を迎えていて、稼働を認めた三木裁判長の決定が下された時には高裁にはいない。しかし二人は、それまで同じ高裁で、始終顔を合わせていたわけですから、先輩裁判官が停めた原発を動かすなら、もう少し説得力のある論理を示さなければ恥ずかしいはずなんですね。理屈にならないへ理屈でもって、再稼働を容認したということは、はじめに稼働ありきの判断だったということでしょう」

司法は行政の一部なのか

伊方原発3号機に関しては、同原発の立地県である愛媛県でも、運転差し止めの仮処分申請がなされていた。

松山地裁の久保井恵子裁判長（46期、当時50歳）もまた、福岡高裁宮崎支部の決定を参照し、住民側訴えを退け再稼働を容認した。ただし、全面的に稼働を容認したわけではなく、避難計画については「訓練や計画見直しを続ける必要」があり、「適切な修正がされない場合は著しく合理性を欠くこともあり得る」と、注文をつけている。

伊方原発３号機は、愛媛県の北西端から瀬戸内海へとシッポのように伸びている佐田岬半島の付け根部分にあるため、地震と津波による過酷事故に見舞われれば、その先の半島に住む伊方町民は逃げ場がない。陸路は、原発の前を通る国道一本しかないうえ、海路からの避難も限定され、ひとたび事故が起これば約９７００人の住民の多くが半島内に閉じ込められることになる。

このような現実感を欠いた名ばかりの避難計画までは、さすがに肯定できなかったのだろう。再稼働容認の流れには抗えない割り切りと、良心の葛藤がうかがわれる判決であった（ちなみに、原発訴訟の「共同研究」の対象となった伊方原発1号機は、２０１６年3月に廃炉が決まり、同2号機についても廃炉の方針が打ち出されている）。

複雑微妙な一連の原発訴訟が浮き彫りにするものは、司法が成しうること、成すべきことの重要さだ。

電力会社が、自然災害への「具体的危険」を把握していても、「抽象的可能性」にすり替え安全対策に取り組まないことがあるだけに、原発訴訟を担当する裁判官たちには、彼らが考えている以上に、重い責任がその双肩にかかっているのである。

福島第一原発の過酷事故は、まさに避けえない地震リスクを東京電力が認識しながら、経営事情を優先したことで自然災害に逆襲された事例だった。

サイエンスライターの添田孝史が『東電原発裁判』のなかで述べているように、東電の経営陣は、福島第一原発の過酷事故の9年も前に、津波の危険性を認識しながらも、その対策を先送りしていた。

「二〇〇二年七月、政府の地震調査研究推進本部（地震本部）は、大きな津波をもたらすマグニチュード（M）八・二前後の地震が、福島県沖で発生する可能性を公表した」「二〇〇八年三月、東電の子会社『東電設計』は、この地震が福島第一原発に一五・七メートルの津波をもたらすという計算結果を、東電に報告した。……これは敷地の高さ一〇メートルを大きく上回る。津波が敷地を超えれば、原発の非常用設備が水没して機能を失い、全電源喪失にいたる危険性があることも、二〇〇六年五月までにわかっていた。

東電の津波想定の担当者は、この計算をもとに海抜二〇メートルの防潮堤を築くなど、具体的な対策計画をつくり、武藤氏に六月一〇日に報告した。ところが武藤氏はこの対策計画を採用せず先送りすることを、七月三一日に決める。武黒氏も遅くとも八月上旬にはこの結果を聞いていた。

また、勝俣氏が出席することから東電社員の間で『御前会議』と呼ばれていた会議でも、福島第一原発の津波対応について報告されていた」

ここに出てくる「武藤氏」とは、当時、原発の責任者であった執行役員の武藤栄であり、「武黒氏」は原発担当副社長の武黒一郎、そして「勝俣氏」は東電社長の勝俣恒久である。彼らは、津波の具体的危険性を認識しながら、「まあ、来ないだろうと、一か八かに賭けて運転していた」のである。

東電が、津波の危険性を「抽象的可能性」として対策の先送りを決めたのは、2007年7月に発生した新潟県中越沖地震で東電の柏崎刈羽原発が停止したため、その補修や補強に加え、不足分の電力を火力発電で補ったり、他の電力会社から購入するなどのコストが嵩み、二期連続の赤字となっていたからだと言われている。この時点で防潮堤建設に着手すれば、三期連続の赤字となるため、業績が回復するまで先送りにしたのだという。その結果の過酷事故だった。

少し話は前後するが、停止と稼働の判断が入り乱れ、原発の司法審査に変容をもたらした大飯原発（3号機&4号機）については、最終的に再稼働が決定した。名古屋高裁金沢支部の内藤正之裁判長（34期、当時61歳）が、樋口裁判長の判決を覆したうえ、住民側が最高裁への上告を断念したからだ。

再稼働を認めた内藤裁判長は、同訴訟を担当するため東京高裁判事から名古屋高裁金沢支部に異動になっている。この人事は、最高裁判事の戸倉三郎（34期、当時63歳）が最高裁事務総長時代に発令されていて、ふたりは一橋大学の同窓で、大学では戸倉が先輩にあたるものの、司法修習は同期という関係にある。そんな人間関係から、最高裁判事の人事権を握る政府の反感を買わないためのシフトであったと考える裁判官は少なくない。実際、戸倉事務総長は、この間、東京高裁長官を経て、最高裁判事へと昇進した。

一方の内藤裁判長は、しかし自らの判断に怖れを抱いていたかのように判決書でこう述べている。

「福島原発事故の深刻な被害に照らし、原発を廃止・禁止することは大いに可能であろうが、その当否の判断はもはや司法の役割を超え、国民世論として幅広く議論され、立法府や行政府による政治的な判断に委ねられるべきだ」

原発の安全対策には限界があり、その危険性を排除するには「廃止・禁止」以外にない。だがそのような判断を下す権限は、裁判官にはないとするこの主張は、国家統治に関する高度な問題は立法府と行政府で決めるべきで、司法審査の対象から除外するとした「統治行為論」の理論に依っている。そして内藤裁判長は、この判決言い渡しから3ヵ月後、定年まで3年を残して依願退官した。

国家と裁判所の関係について、元最高裁長官の矢口洪一はこう解説したことがあった。

「三権分立は、立法・司法・行政ではなくて、立法・裁判・行政なんです。司法は、行政の一部ということです」

裁判部門は独立していても、裁判所を運営する最高裁の司法行政部門は「行政の一部」として、政府と一体になっていると言っているのだ。

政府が２０１４年４月に閣議決定したエネルギー基本計画で、原子力発電を「重要なベースロード電源」と位置づけている以上、「行政の一部」である最高裁が何を求めているか、理解しない裁判官はいないはずだ。そんな重圧に晒されている裁判官のひとりは、自嘲気味につぶやいた。

「良心に従って原発を停められるのは、定年退官か依願退官かは別にして裁判官を辞めると決めた時でしょう。でないと原発を停めた途端、裁判所での居場所をなくしてしまいますから」

第三章　萎縮する若手たち

裁判官の「ワーク・ライフ・バランス」

時代の変化とともに、世代間の亀裂は常に深まるものだ。裁判官の世界も例外ではない。かつて、司法研修所で行われたベテラン裁判官と元高裁裁判長らによる研究会でも、若手裁判官の意識の変化について議論が及んだことがある。

匿名処置された出席者のひとりは、若手裁判官が「裁判を事務程度に考え易く、裁判官としての背筋を伸ばした姿勢は保てなくなってゆくのではないか」と述べたあと、そのさま変わりぶりに危機感を覚えると続けた。

「例えば、判決起案が差し迫っていても、それを差し置いて、夏休みには家族で海外旅行へ行く、冬休みにはどこそこへ行くといったライフスタイルを崩さない、少々の忠告というか苦言を呈しても崩さない、こういう裁判官がだんだん目につくようになっている」

3人の裁判官で審理する合議体の場合、判決起案は、まず若手裁判官の左陪席が作成し、それに裁判長が手を入れたのち、中堅裁判官の右陪席も加わり、3人で合議した結果が判決文となるのが一般的だ。その原案を作成することなく旅行などに出てしまうと、どうしても合議が尽くせず拙速な判決となりかねない。研究会参加者は、それを心配しているのである。

夏期休暇に限らず、日常の業務でも仕事一辺倒ではなく、家庭を大切にし子育てにも積極的に参加する裁判官は増えている。

いわゆるワーク・ライフ・バランスを重視する生活スタイルは、若手に限らず中堅裁判官にも及んでいると、別の参加者は指摘する。

「最近の若い人たちは、家に仕事は持ち込まない。そこで、9時、10時まで役所に残って仕事をする。それから、土曜日、日曜日のいずれか1日役所に出てきて仕事する。これは左陪席の仕事のパターンです。右陪席は、家に帰ったら、子供の面倒を見てお風呂へ入れなきゃ駄目だから早く家に帰るけれども、家ではあまり仕事ができないという方もいます」

ライフスタイルの変化がこのように議論の俎上に載ったのは、彼らへの不満だけでなく、裁判所がその変化に対応できていないといった問題意識があったからだろう。

実は、この研究会が開かれる2ヵ月前の2001年10月、裁判官のライフスタイルの変化を象徴する出来事が大阪地裁で起こっていた。当時、大阪地裁の右陪席裁判官だった平野哲郎は、男性裁判官としてはじめて育児休業を取得したのである。

平野の妻は元家庭裁判所の調査官補で、退職後、医大に進学するが、医大1年生の時に妊娠がわかった。平野は、現役生より一回り遅れで医学部に入った妻が休学するのではなく、自身が育児休業を取って主体的に子育てに関わろうとした。これが、図らずも裁判所の旧態依然とした価値観に一石を投ずることとなったのだ。

裁判所の育児休業制度は、民間企業から約半年遅れで1991年12月に制定され、平野が申請した時点でほぼ10年が経過していた。しかし上司だった裁判長は、その取得に難色を示した。取得すれば次の異動は遠隔地の勤務になるかもしれないとほのめかし、「せっかく希望通りに来てるんだから…」と再考を促したのである。

東大法学部を卒業して24歳で裁判官に任官した平野は、横浜地裁と札幌地裁での勤務を経て、ワシントン州立大学ロー・スクールに留学。帰国後、大阪地裁に配属されるなど大都市圏の裁判所で着実に経験を積んできたエリート裁判官だった。

将来を考えれば、上司の指示に従うのが賢い処世術なのだろうが、平野は聞き入れなかった。上司の裁判長は、自分の部から男性初の育休裁判官が出ることで、管理能力を問われることを怖れたのかもしれない。嫌がらせとも思える指示を出している。育児休業の取得について次のような「上申書」を書くよう命じたのである。

「育児休暇中に周りに迷惑をかけて申し訳ありません。職務復帰後は迷惑をかけた分を取り返します」――。

それまで育休を取った女性裁判官で、このような「上申書」を書かされた人はいなかったという。それればかりか、平野が責任者として進めていた「民事執行改革プロジェクト」からも外されてしまった。不動産競売事件における評価基準の見直しをするため、評価人（不動産鑑定士）たちと定期的におこなっていたミーティングに参加しなくてもよいと言われたのだ。

そしてこの裁判長だけでなく、裁判長の意を忖度した同じ部の裁判官たちからも無視されるようになった。裁判所の組織体質に嫌気がさした平野は、育休の終了とともに依願退官することを決めた。前途有望な裁判官が退官を決めたことで、育休取得によって不利益な扱いを受けたのではないかという噂が、法曹関係者の間に広まっていった。

ちょうどその頃、民主党の水島広子衆議院議員は、男性裁判官の育休取得問題をはじめて国会で取り上げた。２００１年11月16日の衆議院法務委員会で、水島議員は婉曲に平野の育休取得に触れたあと、最高裁に対し男性裁判官の取得が「つい最近まではゼロであった」理由を質した。

最高裁の金築誠志人事局長（のちの最高裁判事）は、「これは個々の裁判官の家庭事情で、夫婦で話し合ったりしてお決めになっている」「裁判所において子供を持った裁判官が育休をとりにくいという環境にはない」と、木で鼻を括ったような答弁に終始したが、水島議員は納得せず、「男性の育児休業取得がほとんどないというような状況を見て問題意識を持たないということは、裁判官としてやや問題があるのではないか」と皮肉った。その上で、取得によって不利益処分を受けた場合を想定し、救済対策を講じるよう重ねてこう求めている。

「育児休業法の第六条におきまして『裁判官は、育児休業を理由として、不利益な取扱いを受けない』とされております。……裁判官の方は一般企業などの不利益取り扱いを裁判で判断するお立場であるわけですから、ぜひその見本となるような、透明性のある、不利益取り扱いの具体的な処理というのをしていただければと思います」「裁判官に普通の市民としての感覚を持っていただくためにも、育児のみならず、普通の生活をどんどんしていただきたいと思っております」

水島議員の質問から8年後の２００９年11月27日、今度は公明党の木庭健太郎参議院議員が、男性裁判官の育休取得者数について質している。答弁に立った当時の人事局長でのちに最高裁長官となる大谷直人は、取得者はいまだ平野ひとりで増えていないと答えると、木庭議員は気色ばんだ口調でたたみかけた。

「こういうふうにならないように法改正出されたんでしょうが、なぜこんなふうになっているのか。どういう御認識でしょうか」

ここで言う「法改正」とは、男性裁判官の育児休業を促進するための「改正裁判官育児休業法」のことである。男性裁判官の育休の取得が一向に進まないなか、法改正で体裁を取り繕っても意味がないと批判したのだ。

大谷人事局長は、いかにも苦し気に答えている。

「ちょっと原因について、なぜ取得しないのかということはつまびらかではありません」

続いて質問に立った共産党の仁比聡平議員は、男性裁判官の育児休業取得者が増えないのは、実質的な制度保障がなされていない証左だとして、この実態をどう認識し、どう原因分析しているのかと追及した。サンドバッグ状態の大谷人事局長は、しどろもどろ状態となりこう答弁するのがやっとだった。

「男性裁判官についてこの権利を保障していないというようなことは我々は毛頭考えておりません。ただ、現実としてだれもまだ取得申請もしていないということについて何らかの考えなければならないところがあるということは、もう委員の御指摘のとおりだろうと思います」

最高裁の無為無策ぶりを明らかにしたこれら質問の効果は絶大で、翌年には早速、二人の男性裁判官が育児休業を取得している。

「上から目線」になりやすい

「裁判官の育児休業」に関する最高裁資料によれば、２００６年度〜２０１５年度の10年間の育休取得者数は６８０人。そのうち女性裁判官は６５７人で、男性裁判官は23人とある。

裁判所の意識を変えるきっかけを作った平野は、現在、立命館大学大学院法務研究科教授を務めながら、弁護士として医療過誤の被害者たちの弁護を担っている。かつて、法服を脱ごうと決めた時の心境を振り返って言った。

「憲法と良心に従って独立して仕事ができると思って裁判官になり、裁判所に入ったわけですが、育児休業を申請した途端に異分子扱いされるようになった。いまと違って当時は、夫の育児参加に理解のない裁判長がいて、人権保障の砦であるはずの裁判所なのに残念だなとの思いが募ったからです」

エリート裁判官としてのキャリアを捨てたことで、逆にそれまで気づくことのなかった裁判所の問題点を把握できるようになったと、平野は続けた。

「裁判官を辞めて感じることは、裁判所の上から目線ですね。私が代理人のある医療裁判で、証言調書に明らかな誤記があった。『頻脈』と『徐脈』という意味が正反対になってしまう誤記だったので訂正を申し出たら、上申書を出せというわけです。自らが誤っていながら、そんなことを平気で言ってくる。

また、分娩時に脳性麻痺になってしまったお子さんが両親とともに原告になっている裁判で、そのお子さんも出廷しているのに弁論調書の出頭当事者欄に記載がない。最高裁で調査官も勤めたベテラン裁判長の法廷でしたが、次の期日に記載するよう求めても『別にいいでしょう』と言って訂正してくれない。それで『調書異議』という珍しい申し立てをしたこともあります。この記載漏れは事実に反していて違法だと思いますが、そこまで問題視しないまでも、当事者の気持ちに寄り添って欲しいと感じることはあります。裁判所に絶望を抱えてきた人が、少しでも希望を持って帰れるようなところであって欲しいとつくづく思います」

この指摘が浮き彫りにする重要な事実は、ヒナ壇と称される法壇の高見から見下ろすことに慣れてしまった裁判官たちは、本人も気づかないうちに権威主義的な恣意にふけり、冷静な自己分析を怠り、適正な手続きさえ軽んじる独善に陥りやすいということだろう。

大阪弁護士会では、大阪高等裁判所管内の裁判官の「能力や資質」に関する情報を会員弁護士で共有するため、２０１４年からホームページに会員専用のアンケート・サイトを開設。「裁判官評価情報」を募るというユニークな取り組みをおこなっている。

法廷での弁護活動で感じた評価を、「記録の把握」、「話し方態度」、「判決」など7項目について5段階で採点したうえで、具体的な評価理由を記載するというものだ。同サイトが集計した２０１６年度の「民事裁判官の個別評価」によれば、情報が寄せられた裁判官は全体の４分の１に当たる48名で、その平均値は３・５５点。最下位グループに当たる２・８３点以下の裁判官は10名だった。彼らの特徴的な評価は、「にこにこしていたかと思えば、突如として感情的になり、かつ高圧的になる」、「極めて高圧的で、こちらの対応に難癖をつけてマウンティングしてくる」などだ。

また「刑事裁判官の個別評価」は、全体の約3割に当たる30名が評価の俎上に載せられている。平均値は3・19点で、最下位グループに当たる2点以下の裁判官は4名であった。こちらも、「裁判官の思い通りに進行しないと、感情的・高圧的な言い方をする」、「投げやりな態度であり、被告人に対する説明も早口で分かりにくい」など、独りよがりや思い込みの激しさが指摘されている。

ただ、この種の調査ではマイナス評価は集まりやすい傾向があるうえ、裁判官の側からすれば、書面の提出期限を守れなかったり、要領を得ない弁論で時間ばかりを浪費させられる弁護士を前にすれば、つい感情的になってしまうということもあるのだろう。ある意味、弁護士の能力をも写しだす「合わせ鏡」と言えなくもない。

ベテラン裁判長や裁判長OBから見て、いまひとつ頼りにならないと感じる陪席裁判官にしても、その職務の重大さを理解していないわけではない。彼らの多くが全身全霊をささげ、裁判に向かう気持ちになれないのは、裁判所が抱える数々の矛盾に起因している。一皮むけば、さまざまな欺瞞を隠し持っている組織体質が、とりわけ若手裁判官の気概を削ぎ、中堅裁判官の覇気に影響を及ぼしていたのだ。

現職のある中堅裁判官は、弁明めいた口調でこう語った。

「裁判長の中には、口では裁判は大事と言いながら、本音では必ずしもそう思っていない人がいる。しかも、判決内容より要領よく事件処理することに一生懸命で、そういう人の方が恵まれた道を歩いていて、そんな現実を目の当たりにすると、来た仕事、来た仕事に全力投球する気にはなれないものです」

また、別の若手裁判官は「あまりに忙しく、判決起案に時間を割く余裕がないほど」と早口で言うと、こう零《こぼ》した。

「裁判所には『水と裁判官はタダ』という言葉があるくらい若手はこき使われる。まずは、合議体で主任を務めさせられ、法廷のたびに合議メモを作成し、裁判長と右陪席にこれまでの審理経過や今後の見通し、現時点での暫定的心証などを説明しなければならない。この準備に結構時間がかかる」

そのうえ、捜査機関からの身柄勾留などの令状請求は24時間いつでもやって来る。担当の日は深夜でも叩き起こされ、裁判所に駆け付けなければならない。しかも裁判長からは種々雑多な仕事を言いつけられ、若手裁判官の集まりである判事補会の勉強会にもでなければならない。

試みに、一日の仕事の拘束時間を時給換算してみたら、コンビニの時給より安かったのには愕然としたと、この若手裁判官は言った。

「だから休日は、息を抜かなければやっていけない。なるべく仕事のことを忘れ、自由に過ごすように努め、週末には友人とキャバクラ、カラオケなどに繰り出し、朝まで飲み明かすことも間々あります」

中堅裁判官への不安

最高裁が、いま最も頭を悩ましているのが、右陪席を務める中堅裁判官の育成である。２０１６年６月23日、当時の寺田逸郎最高裁長官は、全国の高等裁判所長官と地方裁判所長、そして家庭裁判所長を一堂に集めた会議で、「合議体による審理を充実させたり、裁判所内外での意見交換の機会を増やしたりして、多角的な視点を持った議論に裏付けられた審理運営を積み重ねることを通じて、紛争の実相を捉えた深みのある判断に至るためのプラクティス（註・技法）を形成していく必要がある」と訓示した。

この長官メッセージに込められた「真の意味」は、任官から10年以上経験を積んでいるはずの右陪席裁判官の、いま一度の育成である。

「右陪席は、３人の裁判官で審理する合議事件だけでなく、ひとりで審理する単独事件も抱えていて尋常な忙しさではない。起案された判決原案も斜め読みしているような状況で、合議になかなか集中できない。また、合議の場でいろんな意見を言うと、深く関わらなくてはいけなくなるため、おとなしくしていることが多い。その右陪席を巻き込んで、合議を充実させてほしいということを、寺田長官は言外に語っていたのです」（ある裁判官）

裁判する力は、事実をどう捉え、どう評価したかという「判断センス」にかかっている。言いたくても言えない弱い立場の人の意見でも、理由があれば吸い上げる。強い立場の人の意見であっても、理由がなければ応じない。そんな事件に向き合う人柄と判断センスは、裁判実務を積み重ねていく以外に養うことができず、多数決原理で決まる行政的センスの中で育つものではないからだ。

元東京高裁裁判長もこう言った。

「高裁の裁判長になってみてわかることだけど、いい右陪席が取れるか取れないかで、自分の負担がものすごく違うわけですよ。とりわけ大きい事件を抱えていると、裁判長に代わって当事者を呼んで、書面の提出期日の交渉などをやらないといけない。そういう交渉は、経験の浅い左陪席ではなかなかできないため、実務経験を通し、見通しをもってやれる優秀な右陪席が欲しいわけです。右陪席が頼りないと、本当に気が抜けなくなりますから」

それだけに「人事の季節」になると、高裁、地裁を問わず刑事部、民事部、家事部の管理責任者であるそれぞれの所長代行は色めき立つという。次の人事で異動してくる裁判官の「異動者リスト」を前に、陪席裁判官の取り合いが演じられるからだ。デキる陪席を取れるか取れないかで、部全体の運営に関わってくる。そんな危機感が、彼らを急き立てるのである。

右陪席の力が相対的に落ちているのは、過去の司法研修所での教育に遠因があると指摘するのは、元大阪高裁裁判長で司法研修所教官もつとめた石松竹雄だ。石松は、1970年代の「ブルーパージ」を境にして、司法研修所等での裁判官教育が大きく変わったと自著『気骨』のなかで述べている。

「裁判官志望の司法修習生及び判事補に対し、徹底的な骨抜き教育が行われたことである。具体的に言えば、わからないときは、先輩裁判官＝裁判長の言う通りにしておけ、判例があれば何も考えずにそれに従っておけ、検察官の主張に従っておけば間違いはない、等々というような教育が公然と行われていた」

裁判所の歴史のなかで、消えない汚点とされる「ブルーパージ」は、リベラルな裁判官の集まりであった青年法律家協会裁判官部会に加盟していた裁判官への、徹底した人事差別であった。東西冷戦の時代、共産主義者を社会から排除した「レッドパージ」になぞらえての呼び名である。

ブルーパージ当時の司法研修所事務局長は、後に最高裁事務総長や東京高裁長官を務めた川嵜義徳だった。川嵜は、修身の教科書のような『司法修習生心得』を作成し、司法修習生への「管理教育」を実践した。全23ページからなるこのパンフレットには、「ノーネクタイ、サンダルばき通勤は論外」といった修習時の服装などのほかに、身分の上下関係を意識化させる「指導」まで記載されている。

「教官など他人の家を訪れる場合、手土産を持参し、適当な時刻に辞去するのは当然の配慮であり、事後に、感謝の意を表するあいさつを忘れないことも大切である」

「手土産」の持参は、いくらなんでもやりすぎとの批判が相次ぎ、翌年の「心得」からは削除されている。

しかし川嵜がこの「心得」で実践した司法修習生への管理教育は連綿と受け継がれ、現在も、おとなしく従順な修習生でないと裁判官に任官できないと言われているほどだ。

「実際、すぐれた能力とセンスが備わっていても、教官が示す法律解釈などに異を唱えたり、論破したりする修習生は、裁判官の任官希望を出しても採用されないと言っていい」

こう前置きして語るのは、ある地裁の裁判長だ。

「修習生は実務研修といって地裁や検察庁、弁護士事務所でも修習するのですが、私のところに来た修習生で、いいのがいたので裁判官への任官をすすめようとしたら、勝手に声掛けしたらいかんと、司法研修所の教官から注意された。教官は、最高裁に対して修習生の保証人という役割も担っていて、修習生が裁判官になれるかなれないかは教官が決定権を握っている。教官とすれば、素直さに欠ける修習生を裁判官にしてあとで問題になると困るということなんでしょう」

修習生の側でも、求められている修習生像を敏感に察知して、本音を隠し、教官の意向に従順になる知恵を自然に身に着けていくのだという。

１９９９年4月に司法修習生となった「53期修習生の会」のひとりは、修習中の経験を『司法修習生が見た裁判のウラ側』で述べている。

「自分を含め、修習生は基本的に小賢しい生き物で、指導官の求めている答をすぐに読める。修習生は、『おかしい』とか、『それは刑事訴訟法の趣旨と異なる』などと思ったりしても、部長に逆らっても無駄であるという思いから、部長の欲している回答を出すようになるのである」

教官たちの顔色をうかがい、彼らが気に入るような模範解答を書き続けていれば、ヒツジのように従順で、ただ言われるままに事件処理のスピードを競う裁判官が養成されたとしても不思議ではない。

「コピペ判決」が横行する

もともと正解指向が強く、順調に受験競争に勝ち抜いてきた「優等生」たちは、時間とエネルギーをかけて判決を書いても、最高裁によって偏向していると受け取られると、怪我をしかねない。それより過去の判例を機械的に受け入れ、それに則って判決を起案しておけば無難なうえ、裁判所での名誉ある地位を得やすいことを知っている。

最高裁事務総局に勤務経験のある元裁判官は、ため息交じりにこう語った。

「若手、中堅を問わず少なからぬ裁判官は、裁判を重大と感じる度合いが薄れていて、判決の理論構成も水準が落ちている。もっと時間をかけ、深みのあるものに仕上げてもらいたいと思うことがしばしばです」

本来、判決文は、裁判官が「記録をよく読み、よく考え、証拠に照らして的確な判断を下さなければ書けない」ものだ。それを「普通の事務」のように処理することを可能にしているのが判例検索ソフトである。

最高裁は、「判例秘書」や「知財高裁用　判例秘書」など各種ソフトを年間約7500万円かけて購入している（2016年度予算額）。このうち、「判例秘書」は、ほとんどの裁判官が活用していて、自身の抱えている訴訟と類似する過去の事件でどのような判例があるかを検索しては、判決起案の参考にしている。

「参照するだけならまだしも、なかには似た事案の判例を見つけると、やっとこれで判決が書けると顔をほころばせ、そのままコピペしている裁判官もいる」

こう語るのは、首都圏の大規模裁判所に勤務するベテラン裁判官だ。

「そういう嘆かわしい実態を最高裁も分かっているはずです。なのに、『判例秘書』の運営会社から、情報提供の要請があれば便宜をはかり、かなり迅速に対応している。もはや、『判例秘書』は裁判官にとって無くてはならない『起案バイブル』なので、その手当ては怠れないということなのでしょう」

『判例秘書』の運営会社「(株)エル・アイ・シー」のホームページには、「コンテンツ提供団体」として「最高裁判所図書館」が記載されているほどだ。

しかし事件にはそれぞれ個別の事情があり、関係者の思いや関与の度合いもまちまちだ。いったい、どのように「コピペ」すれば、判決が書けるのか。

「『コピペ裁判官』の特徴は、訴訟で争われている事実関係はどうでもよく、執行猶予にするか実刑にするか、原告の請求を認めるか認めないかにしか関心がない。だから、論理の組み立ては、過去の判例をそのまま借用し、結論部分に有罪か、執行猶予かを書けばいいだけです」

（元裁判官）

そのようにして作成された判決原案をもとになされる合議もまた、驚くほど心もとないのが実態だ。

最高裁OBの横暴

司法研修所の資料によれば、裁判長が意見を促しても「言っていいんでしょうか」と尻込みする陪席裁判官は少なくないとある。また、裁判長によっては「話しにくい雰囲気が結構ある」うえ、地裁の所長が、部下の裁判長に「『もっともっと合議を活発にやってくれ、若い者をもっと育ててくれ、事件は少しは遅れてもいいから、その時間を割いて若い者を教育してくれ』と言うと、『いやいや、所長、そう言っても今忙しいんですよ。忙しくて、なかなかそんな暇ないというのが本音なんだ』」という。

ある若手裁判官は、伏し目がちにこう言った。

「わたしは、どちらかというと厚顔無恥なほうなので言いたいことは言うんですが、打たれ弱い後輩がいるのも事実。部総括（裁判長）と違う意見を言って反論されたら、直ぐ引っ込めたほうが楽といえば楽ですから。この事件では、部総括に絶対負けないという気概のある人が全体的に減っている。また、部総括にしても、部下の意見を受け止めるキャパに欠ける人が増えているように思います」

もちろん、すべての裁判体において、合議が尽くされていないわけではない。

あるベテラン裁判長は、穏やかな口調ながら熱意のこもった声で語った。

「僕なんかは、意見が分かれた時は、最終的にみんなが納得するほうがいいから、日を置いてもう一回合議する。とことんやるなかで、僕が意見を変えることもあるし、部下の裁判官が意見を変えることもある。合議を尽くすことは裁判を練り上げるだけでなく、裁判官自身の成長にも繋がるので、いつも、とことんやりましょうと言っている」

憲法で保障されている「裁判官の独立」と「身分保障」は、独自の意見を述べる権利を守るためのものだ。政治勢力や社会情勢を気にすることなく、「良心に従ひ独立してその職権を行ひ、この憲法及び法律にのみ拘束される」のが裁判官だからだ。

かつて、この「良心」という言葉を、最高裁は大法廷判決の中で定義したことがあった。

「裁判官が良心に従うというのは、裁判官が有形無形の外部の圧迫乃至誘惑に屈しないで自己内心の良識と道徳感に従うの意味である」——。

外部からの不当な干渉を撥《は》ね退《の》けることを説きながら、しかし司法行政を介しての「内部の圧迫」や「誘惑」には触れることはなかった。彼ら自身、上下関係にうるさい最高裁に身を置いていることもあって、「良心」を歪めかねないそのような日常があることについて、当たり前すぎて意識することもなかったのだろう。

最高裁は、功成り名を遂げた大物が君臨する世界である。

たとえ現職でなくてもプライドの高い元最高裁判事に、現役裁判官が正面切って意見などすれば、理不尽な厄災に見舞われるという。

ＯＢといえど、彼らは最高裁の中では顔であり、かつての部下が事務総局で要職を占めている。下手に機嫌を損ねると、まことしやかな噂を流され、足を引っ張られることになるのである。

司法研修所の研究会資料には、そんな傲岸不遜なＯＢの振る舞いについての報告がある。

「弁護士になっておられた元最高裁判事の二人が、ある暴力団事件の弁護人となってこられた事件があったときのことです。……法廷で、そのうちの一人の弁護人が大口を開いて居眠りを続け、そのうちいびきが聞こえてくるようになり、それを気にしたもう一人の弁護人が止めさせようとして身体をつつくが、一向に止まらない状態になったとき、裁判長はこれを放置しておかないで、法廷では大口を開いて居眠りをするものではない、と言って叱られたそうです」

法廷指揮権があるとはいえ、地裁の裁判長が、傍聴人のいる法廷の場で元最高裁判事に注意するのはよほどのことだ。依頼人のヤクザの親分の前で、面目をつぶされた元最高裁判事は反省するどころか、閉廷後、いきり立って裁判官室に押しかけている。主任書記官が裁判官室への入室を断ると、二人の元判事はその足で最高裁に乗り込んでいき、顔見知りの幹部や元部下を前に感情のまま鬱憤をぶつけて回ったという。

この一件を知る元裁判官が言う。

「叱った裁判長は、ある程度評判が悪くなるのは覚悟だったでしょう。大先輩をたしなめるわけですから、面倒なことになるというのは誰だってわかる。しかし裁判長としての職務上、必要と考えて注意したわけです。

ところが司法行政部門にいるエリートと称される裁判官には、そういう緊張感がない。それどころか最高裁事務総局で、総務とか経理とか人事部門にいるだけで偉くなったと思い込んでいる人は、元判事に怒鳴り込まれると、それだけで気圧《けお》されてしまう。追随とへつらいから注意した裁判長は、分をわきまえないけしからん奴となった」

本来、事務総局は、司法行政部門としてロジスティクス機能に徹すべき役目を担っている。その使命を忘れ、裁判所全体を統治しているとの思い上がった幻想が、人材の登用や組織の運営面で弊害を生み出しているのは明らかだ。

最高裁事務総局に勤務経験のある元高裁裁判長も、最高裁の意向を斟酌し、進んで長いものに巻かれる裁判官の方が評価される傾向にあると語ったあと、諦め顔で言い添えた。

「いまになって、いくら長官が音頭をとって自由にものを言い合い、建設的な議論ができる組織にしようといってもそう簡単ではない。人の養成というのは時間のかかるものです。最高裁だけでなく高裁長官も地裁所長も、司法行政に携わっている人たちが、みんなで協力しない限りまず実現しない。しかし残念ながら、そのような共通認識があるとは思えません」

第四章　人事評価という支配

裁判官「評価システム」の裏側

「『法の支配』を実現することを不変の使命とする裁判所」において、皮肉にも裁判官の人事制度ほど「法の支配」から遠ざけられたものはない。

裁判官は、行政官僚やサラリーマンと違って、意に沿わない人事異動には応じなくていいと裁判所法に明記されている。にもかかわらず、大半の裁判官は命じられるままに全国各地の裁判所へと赴任していく。最高裁の人事行政に協力しなければ、その協調性のなさに対する組織の返礼をたっぷり受けることを知っているからだ。実質的には、組織の論理が、彼らの憲法上の権利よりも上位にあるのである。

裁判所の組織構成は、東京、大阪、名古屋など8つのブロックにそれぞれ高等裁判所を置き、その下に地方裁判所と家庭裁判所が583施設連なっていて、約3000人の裁判官が勤務している。人事異動に素直に応じない裁判官が続出すると、その運営計画が大きく狂うことになる。そのため、裁判所の人事行政は裁判官の権利より上位に位置付けられているのである。

裁判官の全国異動が、いかに重要な「事業」であるかを第11代最高裁長官の矢口洪一は語っている。

「裁判所全体の配置の中で、旭川地裁留萌支部に、一体誰が行くのか。誰かが行かなければばいけない。しかし、留萌に積極的に行きたいという人は、まあ、いないでしょう。では、希望者がいないということで、裁判所を廃止できるのか。常に、そこまで考えて人事をやっているわけではありませんが、そういうことを頭に置きながらやってゆかざるを得ない。それが、裁判所の人事です」

希望しない任地への異動を合法化する仕組みが、すべての裁判官に提出を義務づけている「裁判官カード」である。このカードは3種類から成っていて、「裁判官第一カード」は判事補に採用する際、提出させている。これは一種の身上書で生年月日、学歴、司法試験の合格日など個人情報を記載するものだ。

そして毎年8月1日に提出するのが、「裁判官第二カード」と「裁判官第三カード」だ。「第二カード」は、自身の健康状態や過去1年間の入院歴の有無。家族構成とそれぞれの健康状態、妻が働いている場合はその勤務先などの記入を義務づけている。「第三カード」には、自己評価や仕事への意欲などを記載するようになっている。

これらのカードへの記入にあたり、多少なりとも悩むのが、「第二カード」に設けられた「次期異動における任地」への希望欄だ。大きく3つの選択肢が設けられていて、ひとつは、任地を「最高裁判所に一任する」。もうひとつは、「任地を希望するが固執しない」。そして、「希望任地以外は不可」の項目である。

多くの裁判官は、本来の希望を押し隠して、前のふたつのいずれかにチェックを入れたうえで、異動の「時期に関しても一任する」を選択する。これによって、いかなる任地への異動を

裁判官人事の流れ

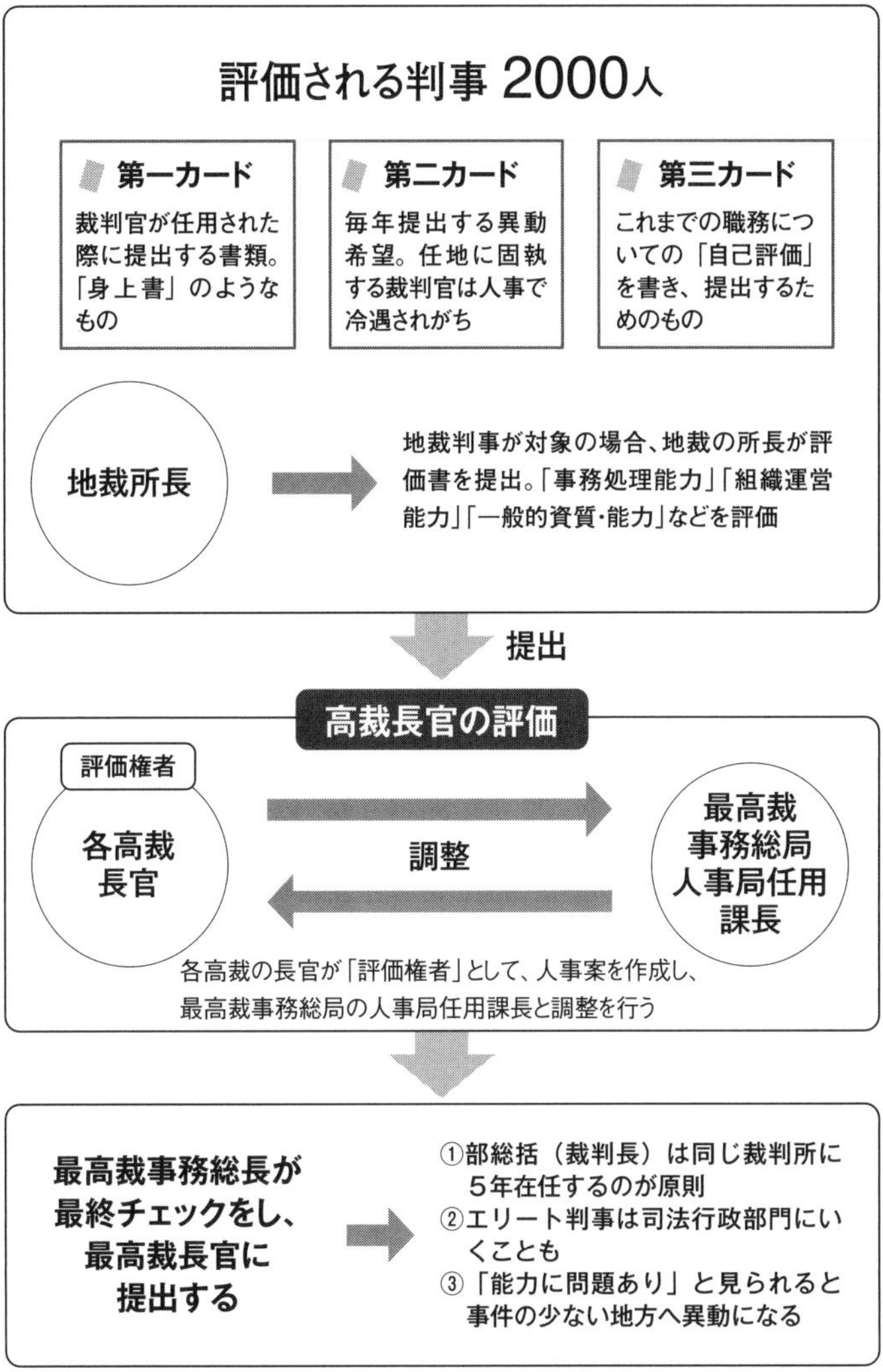
評価される判事 2000人
第一カード
裁判官が任用された際に提出する書類。「身上書」のようなもの
第二カード
毎年提出する異動希望。任地に固執する裁判官は人事で冷遇されがち
第三カード
これまでの職務についての「自己評価」を書き、提出するためのもの
地裁所長
地裁判事が対象の場合、地裁の所長が評価書を提出。「事務処理能力」「組織運営能力」「一般的資質・能力」などを評価
提出
高裁長官の評価
評価権者
各高裁長官
調整
最高裁事務総局人事局任用課長
各高裁の長官が「評価権者」として、人事案を作成し、最高裁事務総局の人事局任用課長と調整を行う
最高裁事務総長が最終チェックをし、最高裁長官に提出する
①部総括（裁判長）は同じ裁判所に5年在任するのが原則
②エリート判事は司法行政部門にいくことも
③「能力に問題あり」と見られると事件の少ない地方へ異動になる

命じても、本人の意に沿わない異動とはならないわけだ。

では「希望任地以外は不可」にチェックを入れると、どうなるか。

現在、大阪で弁護士をしている元裁判官によれば、処遇面で同期から遅れることになるという。その人物は、退官するまでの約25年間、大部分を自宅から通える関西地域の裁判所で過ごした。転居を伴わない異動を希望したからだ。

「京都地裁に勤務していた時、3歳になった長男が自閉症だとわかった。自閉症の子供というのは環境の変化が大きく影響し、精神を不安定にさせるんです。それで転居を伴う転勤はしないと決めた。転居を伴う異動を受け入れないということは、最高裁の司法行政に協力しないわけですから、暗黙のルールとして裁判長にはしてもらえない。ほかの処遇でも同期から遅れるわけで、このまま裁判所にいても先がない。弁護士として独立するなら早いほうがいいだろうと、54歳の時に裁判官を辞めました」

子供の障害という特別な事情があっても、「異動の不承認と人事上の不利益」は対になって裁判官にのしかかってくる。同じ自閉症の子を持つ裁判官が、その子が施設に入ったのを機に転勤を受け入れた途端、裁判長に登用された例がある。それほど裁判所にとって、裁判官の一律異動は堅持すべき組織の規律なのである。

異動の承諾とともに、最高裁の方針に逆らわないことも、多くの裁判官が戒めとして受け入れている不文律だ。「開かれた司法の推進と司法機能の充実」を目指して結成された「裁判官ネットワーク」に自主的に参加した裁判官たちが、その実力、能力を正当に評価されることなく処遇で遅れているのは、この不文律を犯したからだと思っている裁判官は少なくない。

元福岡高裁の裁判長で、現在、大阪で弁護士をしている森野俊彦は、裁判官人生のうち通算15年間、家庭裁判所での勤務を余儀なくされた。森野は「裁判官ネットワーク」に参加し、裁判所の改革を唱えてきたひとりだ。

「任官してちょうど20年目の人事で、僕も、どこかの地裁の部総括になれるだろうと思っていたら、所長から家庭裁判所への異動を告げられた。思わず家裁ですか、と問い返したものです。すると所長は、引っ越しせんでもいいし、同じ大阪やからええやろと。そう言われると断れませんわね。言外に断ったら、どうなるかを匂わせているわけですから。裁判所というところは、異動だけでなくポストに関しても、いったん発令された辞令を断るとその後の処遇は厳しいものになる。司法行政に協力しない者に、いい処遇したら示しがつかんですから」

家裁では、社会的に注目を集める事件を担当することは少なく、政府に影響を与える判決を書くこともほとんどない。地裁で瞠目に値する判決が出るたび、森野は、ああいう事件を担当してみたいとの思いを募らせた。

「しかし、ここで腐ったら裁判官としての向上はない。前向きに、楽天的に仕事をしていこうと、誰もが手を焼く遺産分割の事件に取り組むことにした。遺産分割というのは、さまざまな感情が絡み合う難しい事件です。これを迅速に解決していく方法を僕なりに作りだし、事件処理がかなり向上した。そういうこともあって57歳でようやく地裁へ異動となり、最後は高裁裁判長にしてもらいました」

高裁の裁判長は、地裁の所長経験者から登用されるのが一般的ルールである。しかし森野は、地裁所長を経験していない。大阪高裁判事（右陪席）から福岡高裁裁判長への抜擢は、まさに異例中の異例の人事であった。

「裁判所も冷遇しすぎたと、少しは反省したのではないでしょうか」

笑いながら語っていた森野は、一息つくと、表情を曇らせこう続けた。

「意に沿わない人事を受け入れてきた自分に、不当な配置転換をされた従業員などから、その撤回を求める訴えが持ち込まれた時、果たして裁く資格があるのか。そんな自問をしたことがある」

古い記憶が呼び起こす苦い思いが、突如、甦ったようだった。

形骸化した評価書

裁判官の人事評価も、民間企業のそれとさほど変わりはない。個々の裁判官の評価は、地裁の所長が作成した「評価書」をもとに高裁長官によって決定されている。

「極秘」の文字とともに、A4判1枚のペーパーにまとめられた「評価書」は、「事務処理能力」、「組織運営能力」、「一般的資質・能力」の3項目に分けて記載欄がもうけられている。そもそも限られたスペースしかないうえ、実際、そこに書き込まれている評価は、誰が見ても表面的な人物評価でしかない。また、表現も似たりよったりで、手許にある複数人の「評価書」には、「事務処理にも慣れ、適切に処理している」とか、「書記官室によく出入りし、気さくに声を掛けている」など定型文が並んでいる。

地裁の所長を務めたことのある元裁判官は、「評価書」の持つ意味内容をこう解説する。

「『評価書』は、各裁判官の上司である裁判長（部総括）の書いた成績査定表をもとに所長が作成するのですが、それを受け取ってから人事異動の内示を出すまで3ヵ月程度の時間しかない。ただでさえ忙しい所長は、よく分からないまま、時間にせかされ査定表を引き写しているというのが実態ではないでしょうか。しかし地方の裁判所には目立たないけれど、この人は事実を見る目が確かだなという人が埋もれている。記録をよく見るし、よく考えるし、事件の筋を証拠に照らして読んで、判断も的確という人を引き上げるための『評価書』でなければ、本来、おかしいわけです」

元所長の話が続く。

「地方勤務の裁判官は、家族の負担もあり、子供の転校も多いというハンデを背負ってるわけですよね。そんな中で頑張って、能力があれば、上の人が見てくれるという信頼感があれば心の救いにもなるけれど、そうではないという気持ちを持つ人は現実には多い。栄転組として引き上げられていく人の基礎数は、中央で育ってきた人がほとんどで、地方勤務の裁判官からも裾野広く有能な人材を発掘し、人的資源の活用に資する評価制度にはなっていないというのが正直な感想です」

裁判官の全国規模の異動は、このような形骸化した「評価書」が作成されたのち、次に各ブロックの高裁長官が集まる事務打ち合わせ会議などで調整されている。その際、問題のある裁判官の処遇についても話し合われ、彼は、ウチで何年も預かってきたんだから、今度はそちらで引き取ってくれ。そうでないと本人も腐り、全体に悪影響を及ぼす。そう言われ、戦力外の裁判官を渋々引き受けることがあるのだという。そんな話し合いの後に作成された高裁長官案を、最高裁事務総局人事局の任用課長が再調整し、最高裁事務総長が承認する。それを最高裁裁判官会議で最終決定し、最高裁案として裁判官の全国異動が始まるわけである。

ただ東京高裁の裁判長（部総括）が決めた人事案だけは、東京高裁長官といえど動かすことなく、最高裁でそのまま承認されている。東京高裁の裁判長は、地方の所長をいくつか経験していて、彼らが作った人事案を動かすとうるさいので、触らないというのが不文律なのだという。

ただまれに、最高裁事務総局の段階で、東京高裁長官案から外される裁判官もいる。

「ある事務総長が、この裁判官は事務総局には入れない。地方の裁判所に出せといって、人事案を変更させたことがあります。かつてその裁判官が、事務総局のトップに意見を言って反感を買ったことがあった。その際、事務総局のトップは、俺の目の黒いうちは、こいつにはいい目をさせないと言ったといいます。じつにその言葉通り、人事で冷遇したというわけです」

（元裁判官）

同様に、高裁長官や同事務局長に意見したり、彼らの意見に同調しなかったことで、冷遇される裁判官もいる。これは、表向きの「評価書」とは別に、もうひとつの「エンマ帳」があって、冷遇すべき裁判官の名前が申し送り事項として記載されているということだろう。現物を見た者はいなくても、裁判官は誰しもそう信じて疑わない。

だからこそ、多くの裁判官は自己規制し、上目づかいで上司の顔色をうかがう「ヒラメ裁判官」になっていくのである。

上司からの圧力

「判決を書くにあたっても、裁判官は、最高裁に対して非常にびくびくしている」と言うのは、元裁判官で弁護士の井垣康弘だ。

井垣は、神戸家庭裁判所少年部の裁判官として1997年に社会を震撼させた「神戸連続児童殺傷事件」を担当。酒鬼薔薇聖斗を名乗って、小学生二人を殺害し3人の小学生に重軽傷を負わせた「少年A」を、医療少年院に送致した裁判官として知られている。

井垣が少年事件を担当したのは、実はこれがはじめてだった。前任地の大阪家庭裁判所岸和田支部では、遺産分割や離婚などの争いを扱う家事部の裁判官で、神戸家裁への異動の際も家事部を希望していた。ところが、希望が聞き入れられず少年部への配属となり、「少年A」の事件を担当するめぐり合わせとなったのである。以来、少年Aをフォローするため定年退官までの7年9ヵ月を少年部の裁判官として過ごしている。

あとでわかるのだが、少年部への異動は、井垣が岸和田支部の家事部で実践していた「同席調停」が原因となっていた。当時もいまも、全国の家裁の家事部では、争っている当事者の主張を聞くにあたって「別室調停」という方法をとっている。当事者をそれぞれ別々に部屋に呼び入れ、その思いを述べさせるものだ。

これに対し井垣は、両当事者を同席させ、その思いをストレートに開陳させる「同席調停」によって、より的確に問題解決の落としどころを探り出してきた。従来の「別室調停」と違い、井垣の「同席調停」は、弁護士が付かなければならないほど揉めに揉めていた事案でも、和解成立率は33％から75％へと飛躍的にアップしていた。反対に、調停が失敗した不成立率は41％から10％へと激減していたが、井垣の上司にあたる大阪家裁所長は、「同席調停」をやめるよう圧力をかけていたのである。

喉頭ガンの手術によって、退官の半年前に声帯を摘出した井垣は、発声用の補助器具を使いながら、しかし力強い声で語った。

「『同席調停』は、裁判官の権限の範囲内でおこなっているものですから、所長が正面切ってやめてくれというのは、一種の裁判干渉なんですね。なぜ、そんなことを言ったかというと、激しく対立している当事者を同席させたのでは事故が起こる可能性がある。そうなると所長の責任になるのでやめてくれということなんです。しかし、家庭裁判所に持ち込まれるほどこじれた紛争であっても、当事者に紛争解決能力がないわけではない。一時的な対話障害が生じているケースが多く、法的助言を与えながら互いの心情を冷静に語り合ってもらうと、自主的に解決できるものなんです。その実態を見ることなく、無難な別室調停という現状維持に固執したわけで、裁判所がいかに保守的な官僚組織であるかを示す事例なんじゃないでしょうか」

「同席調停」の5年にわたる成果を、井垣は、『判例タイムズ』に「家事調停の改革」と題して89ページにわたる大論文を寄稿するが、その論文掲載についても裁判所側は思いとどまるよう働きかけていた。挙げ句、家事部から少年部へと追放されたわけである。

実は、以前にも一度、井垣は「追放処分」を受けている。大阪地裁刑事部の裁判官時代のことだ。

刑事裁判の場合、一審で実刑判決を受けても、被告人が控訴すれば保釈が認められる場合がある。そのため被告人のほとんどは、一審判決に納得していても収監される前に身辺整理をしたいという理由等で、控訴し保釈申請をする。しかし裁判所側にすれば、保釈だけが目的の控訴は迷惑以外の何ものでもない。控訴されれば裁判官は、少なくとも半日から一日をかけて検察、被告双方の主張や、判決の理由などを整理した「正式の判決文」を作成しなければならない。控訴がなければ、書記官が判決内容のみを記載した簡便な「調書判決」で済ますことができるからだ。

そこで当時の大阪地裁刑事部の相当に上席の裁判長が、刑事裁判官を一堂に会した会議で、控訴事件の保釈申請については厳格な運用をするという「申し合わせ事項」を作りたいと提案した。要するに、よほど特別な事情がない限り保釈は認めないとの申し合わせ事項を作り、簡単には保釈は認められないとアピールすることで保釈目的の控訴をあきらめさせようというものだった。

「しかし、ことは人権にかかわる問題です」と井垣は言った。

「大阪地裁の刑事裁判官たちも、この『申し合わせ事項』が成立すれば、わずらわしい作業から解放されるとの思いがある反面、そんなことをしていいのかと、互いに顔を見合わせていた。それで私は、その申し合わせに賛成しませんと言った」

その途端、提案した裁判長は、やっぱりお前かという顔で一瞥を投げてこう言った。ひとりでも反対の裁判官が出たら、刑事部の全裁判官が一致した申し合わせとはならないのでこの提案は撤回する。これで終わりにしますと、会議は終了となった。そして井垣は、大阪高裁と大阪地裁の刑事部から追放されることになった。その後は刑事裁判官ではなく、民事裁判官として松山地裁大洲支部、岡山地裁津山支部など地方裁判所の支部を巡り、出身地である大阪にもどれたのは14年後。しかも配属先は、希望した大阪地裁ではなく大阪家裁で、しかも支部だった。

尊属殺人罪をめぐる戦い

ただでさえ、組織の慣習や上司に逆らえば冷遇される世界にあって、最高裁判例を違憲とするのは相当の覚悟が必要になってくる。

1968年10月5日、栃木県矢板市で発生した尊属殺人事件は、そんな覚悟を裁判官が示した裁判だった。

事件の経緯はこうだ。当時29歳のA子は、14歳の頃から実父による性的虐待を受け続けていて、17歳の時には実父との間に最初の子供を出産。その後も25歳までのあいだに都合5人を出産し、うち二人は夭逝したものの3人の子供を育てていた。ほかに6人の胎児を人工中絶するという、悲惨で過酷な人生を強いられていた。

この父親は、農家の長男として生まれたが農業を嫌い、食料品等の小売業や行商など職を転々とし、殺害された当時は植木職を営んでいた。その間、アルコール依存症による精神科病院への入院歴もあった。退院後も、通院治療を受けていたが治ることはなく、毎夜のように酔っては暴れた。A子の実母は夫の暴力から逃れるため家を出て、その後離婚した。A子は、ひたすら家庭内にあって父子相姦の生活を強いられ、育ちざかりの子供の世話をしながら、苦しい家計の足しにと働きにでた印刷所で、7歳年下の印刷工の青年と知り合い、はじめて恋愛感情を抱いている。やがて、二人は結婚を誓い合う仲になっていた。

一審の判決文によれば、A子は、犯行の10日前の夜8時過ぎ、いつものように酒によって寝床に入っていた父親にこう問いかけた。

「今からでも私を嫁にもらってくれるという人があったら、やってくれるかい」

父親は、「お前が幸せになれるのなら行ってもよい」と、いったんは了承したものの、すでに意中の結婚相手のいることを告げられると態度を豹変させ、「若い男ができたというので、出てゆくのなら、出てゆけ、お前らが幸せになれないようにしてやる、一生苦しめてやる」と激高。この日を境に職場への出勤を禁止し、近隣への用足し以外は外出させない監禁状態を続け、「夜は疲労に苦しむ被告人に仮借することなく性交を強要して安眠させなかった」。

弁護士の谷口優子は『尊属殺人罪が消えた日』のなかで、監禁状態のなかで犯行に至ったA子の法廷証言を記している。

「一晩に三回くらい私の体を、もみくちゃにしてしまうのです。もちろん、飲んで暴れる晩でも少なくとも三回は要求しました」「父が毎晩荒れるので、ろくろく睡眠もとれなくて辺りがぼおっとしか見えません。同時に初恋の章さんとのことも頭から去りませんでした。章さんとの連絡を妨げるため、めちゃくちゃに私の体を要求する父が非常に憎らしくなってきたのです」

犯行当夜も、修羅場が繰り広げられていた。

「ばいた女、出てくんだら出てけ、どこまでも追ってゆくからな、俺は頭にきているんだ、三人の子供位は始末してやるから、おめえはどこまでものろい殺してやる」。そう言ってA子の両肩にしがみついてきたのである。その後のA子の行動は、判決文に詳しい。

「両肩にしがみ付いてきた（父親の）武雄の両腕をほどいて同人の上半身を仰向けに押し倒したうえ、寝床の上に中腰で起き上ったまま左手で武雄の左側からその上体を押さえ、枕元にあった同人の股引きの紐を右手につかみ、これを同人の頭の下にまわしてその頸部にひと回わりするように紐を巻きつけたうえ、その両端を左右の手に別々に持って同人の前頸部付近で左右に交差させ、自己の左足の膝で武雄の左胸部付近を押さえて、紐の両端を持った前記両手を強く引き絞って同人の首を締めつけ、よって、同人をしてその場で窒息死するに至らしめて、これを殺害した」

この時、A子は、父親に「口惜しいか」と聞いている。娘に殺されるのが悔しくはないかという意味で言ったところ、父親はこう返した。

「『おまえが悔しくてしたんだべ。おまえに殺されるなら本望だ』と、のどが詰まったような低い声で言いました。私は『口惜しくない。口惜しくない』と口に出しながら、今まで私を苦しめ続けてきた父の首を力のあるかぎり締めつけたのです」

刑法200条の尊属殺人罪は、祖父母、両親などの親族を殺害した場合、刑罰が「死刑と無期懲役刑」に限定されていて、刑法の軽減規定を2回使ったとしても執行猶予をつけることはできなかった。軽減規定とは、犯行時、心神耗弱状態にあったとして無期懲役を懲役7年に減刑したうえで、情状酌量でさらに刑を半減させるというものだ。これだと懲役3年6ヵ月に減刑することができるが、懲役3年以下でないと執行猶予はつけられないため、A子は刑務所に収監されることになる。

しかしこの事件には、全国の裁判官の同情が集まっていた。刑事裁判官の多くが、いくらなんでも収監するのは酷だ。せめて執行猶予とすべきと語り合っていた。

宇都宮地裁で、1969年5月29日に下された一審判決は世に衝撃を与えた。地元紙の『栃木新聞』が、「尊属殺人罪は違憲」「矢板の実父殺しに刑免除」「法を越え　あふれる人間味」との見出しで報じているように、宇都宮地裁の須藤貢裁判長（当時59歳）は、尊属殺人罪が憲法14条の「法の下の平等」に違反するとして、収監どころか刑罰そのものを科さなかったのである。

同裁判長は、違憲の理由をこう述べた。

「（尊属殺人罪は）親権優位の旧家族制度的思想に胚胎する差別規定であって、現在ではすでにその合理的根拠を失ったものといわざるを得ない。

よって刑法第二〇〇条は憲法第一四条に違反する無効の規定としてその適用を排除すべきものである」

尊属殺人罪ではなく、通常殺人を裁く刑法199条を適用すれば、当時の刑罰は「死刑または無期、もしくは3年以上の懲役」であったため、問うべき罪を懲役3年としたうえで刑法の減軽規定を使えば軽く執行猶予にすることができる。その法律構成をさらに進め、父親殺しは「過剰防衛だが情状の余地がある」として刑の免除を言い渡していたのである。

判決文を読み上げたあと、須藤裁判長はA子にこう語りかけていた。

「被告人が悪かったのではない。防衛行為と認められたので刑は科さない。しかし女としての強い意思がほしかった。今後は過去にこだわらず二児（ママ）の母として強く生きてほしい」

A子は涙を流してうなずいたという。

『犯罪白書』によれば、その当時、尊属殺人の認知件数は「年間40件台から60件台で推移」していて、地裁の段階ではいくつか違憲判決も出されていた。しかし最高裁はことごとく覆し、尊属殺人罪を確立された最高裁判例としてきたのである。

A子の事件の場合も、検察の上訴を受けての二審判決で、東京高裁の井波七郎裁判長（当時62歳）は、一審判決を破棄。「いろいろ考えることはあろうが、罪を犯した以上、正当な罪で正当な罰を受けるべきだ。同情の余り法の正当の適用をしないことは、裁判所として許されない」と、A子に懲役3年6ヵ月の実刑判決を言い渡した。

かつて井波裁判長は、30代の判事補時代に「裁判官論」と題した論文で、裁判官には、人生の苦悩と悲哀に対する理解が必要と説いたことがあった。

「私は裁判官に対し『苦悩と悲哀』ということを理解することを特別に希望するのである。我々が此の人生の真実に接近しようとするなら必らず苦しみと悲しみの精神を解さなくてはならない。人間は死すべきものであることを自覚しながら不安の裡に一生を終るものであるから、人生に於てこれ等の精神こそ最も真実に近いものである。そして他人の苦しみや悲しみを理解して同情することこそ我々に対してはあらゆる場合に必要で、それは『すべてを理解することはすべてを赦すなり』（パスカル）ということにはならないが、斯くすれば他人は我々の裁断の理由をより素直に是認するだろう」

被害者を責める裁判官

しかし、この公判廷で井波裁判長は、A子の「苦悩と悲哀」に理解を示すことはなかった。

前記『尊属殺人罪が消えた日』には、A子を仮名の「綾子」としたうえで、本人尋問で井波裁判長から厳しく責め立てられている様子が記されている。

「**裁判長**　被告人は小さいときに、心ならずも父親に手をつけられたのであるから、もとはといえば父親の方が悪いといえるかも知れない。しかしその後被告人は父親と十何年間も、夫婦同様の生活をしてきたのに、父親が働きざかりをすぎた年頃になって、被告人が父親のところを去り若い男といっしょになると言えば、父親としては被告人が男一人を弄んだことになるのだというような趣旨のことを言ったようにもとれますが、被告人もそのように考えたことがありますか。

綾　子　そう言われればそうだと思います。

裁判長　父親としては最初は自分が悪かったとしても、自分が年をとってから、被告人が子どもをおいて父親のところを去るのは、ひどいではないかと考えたのだと、被告人は思いますか。

綾　子　はい。」

さらに、父親が実の娘を手込めにするのは「大昔ならばあたりまえのこと」と述べたかと思うと、こうも責め立てていた。

「被告人はお父さんの青春を考えたことがあるか。男が三十歳から四十歳にかけての働き盛りに何もかも投げ打って被告人と一緒に暮らした男の貴重な時間を、だ」

尊属殺人罪を合憲とする最高裁判例を絶対視する立場からすれば、いかなる事情があろうとも、子が親を殺すことの非道と、その罪の重さを説いておく必要があったのだろう。同時にそれは、自己正当化のための糾弾であって、およそ情味に欠ける審理であった。

ただ、この高裁判決が報道されると、おぞましい事実に人々は驚愕し、A子への同情が社会に広まっていった。判決から約2年後の「朝日新聞」は、「同情呼んだ事件を契機に」との小見出しのもと、「親殺しを普通の殺人より重く罰する刑法の尊属殺の規定（二〇〇条）が、『法の下の平等』を定めた憲法（一四条）の精神に違反しないか、という問題について最高裁大法廷（石田和外裁判長）が二十余年ぶりに再検討を始めた」と伝えている。

いわば世論に押される格好で、最高裁は尊属殺人罪の再検討をはじめ、１９７３年4月4日、大法廷の15名の判事は、14対1の多数意見として尊属殺人罪を「違憲」とした。ただひとり、反対意見を述べたのは外交官出身の下田武三だった。下田は「親子の関係は、人智を超えた至高精妙な大自然の恵みにより発生し、人類の存続と文明伝承の基盤をなすものであり」「なんら憲法違反のかどはないと考えるものである」と、全面合憲説を主張した。

注目を集めていた量刑について石田和外最高裁長官は、一審判決のように「刑免除」とはしなかったが心神耗弱状態での犯行であったとし、懲役2年6ヵ月、執行猶予3年としている。いわば、一審判決と二審判決のあいだをとった判決だった。

この判決から22年後の１９９５年に施行された「改正刑法」で、ようやく尊属殺人罪の条文は刑法から削除されるが、それまでの間も検察庁は、憲法違反の刑法を適用することはできないとして尊属殺人罪での起訴をおこなってこなかった。さかのぼれば、奈良時代の大宝律令にまで行きつく尊属殺人罪は、まさにこの事件を契機に消えることになったのである。

事件後、A子は結婚を誓い合った初恋の青年とも別れ、宇都宮市内の旅館で住み込み女中をしたり、菓子工場に勤めたりしながらひっそり暮らしていた。最高裁判決を前に、弁護人に「一日も早く決着がついて〝渦中の人〟でなくなりたい」と語っている。父親との間に生まれた3人の娘は施設に預けられ、月に一度、その子供たちを訪ねるのが心の慰めになっているということだった。

過酷な運命を背負わされたA子の半生は彼女を苦しめもしたが、彼女にしか担えない使命をも与えた。機能不全に陥っていた司法を目覚めさせ、法の下の平等を実践させていたのである。

被告人を生かすか殺すかは、まさに裁判官の見識と気概とにかかっている。そのことを認識させてくれる裁判でもあった。人が抱える苦悩を察し、理解しようとする裁判官のみが、裁くだけでなく、慰め、癒やし、更生へと導くことができるのであろう。

第五章　権力の中枢・最高裁事務総局

最高裁判事の日常

最高裁判所の裁判官は、最高裁長官と14名の最高裁判事の15名で構成されている。全国約3000人の裁判官の頂点に君臨する彼らのうち、内部昇格ともいうべき裁判官からの抜擢が6名。他省庁からの登用が検察官2名、外交官と行政官僚がそれぞれ1名。弁護士会推薦の弁護士が4名、そして学者から1名を起用している。

その主な仕事は、全国各地の高等裁判所や地方裁判所で出された様々な判決を統一解釈し、国の最終的な判断としての「最高裁判例」を確立させることにある。

裁判所の威信を保ち、司法への国民の信頼を高める責務を担っている彼らには、その役割にふさわしい名誉とともに、一般裁判官には及びもつかない処遇が与えられている。有能なスタッフに囲まれた快適な職務環境、安全で広々とした住環境、そして退官後の生活の安定を支えてくれる高額退職金などである。

「高位の法官」たちの日常は、判で押したように決まっている。

毎朝午前9時前、公用車で皇居の桜田壕に面した最高裁判所にほぼ同時に乗り付けるのである。花崗岩で意匠をこらした荘厳な建物の北玄関は、この時ばかりは喧噪に包まれるが、日中は時間が止まったかのような静謐の中にある。再び、喧噪がおとずれるのが午後5時過ぎ、彼らの退庁時間がやってきた時だ。重要な行事などが入っていなければ、最高裁長官と多くの最

最高裁判事の待遇

	最高裁長官	最高裁判事	高裁長官
年収	4031万円	2940万円	2403万円
退職金	1億135万円※	9810万円※	7530万円
定年	70歳	70歳	65歳
送迎	あり	あり	あり

※東京高裁長官から任命されたケースの試算

高裁判事はここからまっすぐ帰宅するという。

国有財産台帳で調べた限り、最高裁判事の官舎はいずれも都内の一等地にあり、一軒あたりの土地面積は平均1072㎡（324坪）。そしてその月額使用料は平均約10万円である。最高裁判事の月額給与約176万円（各種手当を含む）からすると、家賃負担比率はわずか5・7％程度だ。周辺の高級マンション（広さ80㎡）の賃貸料が月額70万円から100万円は下らないことからもわかるように、きわめて優遇された住環境が用意されているのである。ただ、2011年に発生した東日本大震災に対する復興特別税の導入にあたり、格安家賃で入居できる国家公務員宿舎への批判が高まったことから、最高裁でも最高裁判事の官舎4戸を廃止。さらに3戸を廃止する方針だが、2018年現在、最高裁判事の入居者がひとりもいない11戸の広大な官舎を保有し続けている。

そして70歳での定年退官、もしくはそれ以前の依頼退官によって最高裁を去る時、彼らには、「最高裁判所裁判官退職手当特例法」にもとづく手厚い退職金が支給される。裁判官から最高裁入りした最高裁長官や最高裁判事には、裁判官時代の退職金に加え最高裁長官及び同判事の退職金が上乗せされるため、最高裁長官の場合、平均在任期間5年で試算すると、退官時

最高裁判事たちの「官舎」

	住所	土地建物の価格	土地面積
最高裁判所長官・公邸	新宿区若宮町（現在工事中）	25億1408万円	3837.15m²
最高裁判所判事	世田谷区松原	5億4673万円	1322.31m²
	世田谷区代沢	3億256万円	508.85m²
	世田谷区代沢	2億9623万円	502.38m²
	文京区本駒込	5億6776万円	997.25m²
	文京区小日向	4億6001万円	988.92m²
	豊島区高松	2億6992万円	684.96m²
	品川区西大井	5億9483万円	1644.18m² ①
	品川区西大井		
	目黒区柿の木坂	3億3467万円	576.26m²
	目黒区八雲	7億7862万円	1435.91m² ②
	目黒区八雲		
	杉並区荻窪	4億9567万円	1440.23m²
東京高等裁判所長官	文京区本郷	7億9059万円	1626.97m²
大阪高等裁判所長官	豊中市曽根東町	6億9600万円	4473.09m²
名古屋高等裁判所長官	名古屋市東区白壁	2億6817万円	1231.43m²
広島高等裁判所長官	広島市中区平野町	5億266万円	2819.05m²
高松高等裁判所長官	高松市番町	3億3453万円	1646.9m²
福岡高等裁判所長官	福岡市中央区大濠	4億2882万円	1199.25m²
仙台高等裁判所長官	移転により所在地不明	不明	不明
札幌高等裁判所長官	移転により所在地不明	不明	不明

※1万円未満は切り捨て　※①と②は同一敷地内に2棟ある　※最高裁の官舎は判明分のみ
※2014年度 国有財産台帳より作成

に受け取れる額は約1億1000万円。平均在任期間7年の最高裁判事だと約9800万円となる。

また、弁護士などから任官した最高裁判事も、同じ退職規定が適用されるため、平均在任期間6年で試算すると手取り退職金は約2280万円となる。これは大企業に勤める社員が定年退職した際に支給される平均退職金1788万円（厚労省調査）を大幅に上回る額である。


裁判官から最高裁判事への一般的なコースは、最高裁の司法行政部門である事務総局で総務局長や人事局長などの要職をこなしたのち事務総長を経て、東京高裁や大阪高裁などの長官を務めた裁判官が登用される。明確なルールはないものの、これは周知の不文律である。

過去、事務総長、高裁長官も歴任しないで最高裁判事に任命されたのは1964年の岩田誠、1978年の中村治朗、そして1980年の谷口正孝など数名にとどまる。

最高裁事務総局での勤務経験のある元裁判官は、最高裁判事の人事についてこう語った。

「内部から昇格して最高裁入りする裁判官の多くは、若い判事補の時に事務総局での勤務経験がある。彼らは協調性があって素直で上司に楯突いたりしない。裁判部門に出たとしても直ぐに呼び戻され、事務総局でのいろんな仕事を通して局の幹部とつながっていくのです。誰しも、知らない人を登用できないわけですから、この『仲良しグループ』の中から、『お友達人事』で引き上げられているというのが正直な感想です」

司法行政部門に勤務した裁判官が重用されるのは、裁判実務部門では身に着けることのできない行政手腕が備わっていることもある。最高裁事務総局で国会担当を務める総務局長を例に取れば、質問取りや答弁資料作成などの要領がわかっていて、国会で質問責めにあっても、そつ無くかわせる答弁力が要求される。そのような人材を得るには、早い段階で絞り込んだエリートを、事務総局と裁判部門を行き来させながら育てていく以外にないという。

学者から最高裁判事に登用された園部逸夫も、自身の『オーラル・ヒストリー』のなかで、日本の裁判所は「エリートのレールに乗っている人と、乗っていない人が必ずいるわけで、エリートのレールに乗っていなかった人が、エリートのレールにスッと路線変更できるかと言うと、ほとんど難しいわけです」と述べている。

「ミスター司法行政」の異名を取った元最高裁長官の矢口洪一もまた語っている。

「率直に言って、事務総局には、いい人材を集めています。事務総局と、研修所の教官と、最高裁調査官、その三つは、いずれも一番いい人材を集めている。その功罪は問われるでしょう。けれども、いい人材でないと、国会なんかはまだいいですが、大蔵省など行政官庁と折衝するときに、対等に折衝できないんです。裁判では、法服を着て、あそこへ座れば、当事者は言うことを聞くんです。しかし、事務担当として司法行政をするにしても、法案を作る法制審議会の監事、あるいは監事の下請けをやるにしても、委員になるにしても、そういう後ろ盾はありません。法務省との折衝、大蔵省との折衝、法制局との法案の折衝、国会との折衝等についても同様です。大体、そういうことのできる人は、裁判もできるんです」

裁判官は法律のプロであっても、行政官のようにゼネラリストではない。そのハンデを克服するため、矢口は、お気に入りの若い判事補たちを事務総局に集めてきたという。

「大蔵省との折衝などの場合は、『こいつは、ちゃんとやるな』とか、『ちょっと駄目だな』とかということが、すぐ全体に響いてきますからね。予算の説明でも、そのことによって予算が一千万円違ったら、やはり困るんです。それで信用を得れば、知識が広くなり、見聞が広くなって、ますます良くなってきますからね」

「司法官僚」を養成するための研修にも、矢口は力を注いできた。彼らには海外留学のほか、法務省、外務省などへ出向といった「研鑽のチャンス」が与えられてきたのである。

「それによって、さらに自分自身をブラッシュアップする機会が増え、結果として成長し、最高裁判事にふさわしい実力を備えるようになると言えます。しかし地方の裁判所で、種々雑多な裁判にまじめに取り組んでいる裁判官には、そのような機会は与えられない。これで腐らない人などいないわけで、矢口さんは裁判所の一体感を阻害し、現在にまで悪影響を及ぼしていると思います」（ある現職裁判官）

かりにやる気を失った裁判官が、根を詰めて事件に取り組むという熱意をうしなったら、そのしわ寄せが国民に及ぶのは火を見るよりも明らかだ。だからこそ、最高裁長官は、人が腐らない人事ローテーションに腐心しなければならないのだと、事務総局での勤務経験のある元裁判官は言う。

「スタート時点の成績が悪かったとしても、日々の仕事ぶりを正当に評価し、もうちょっと頑張れば、自分にも研鑽のチャンスが与えられるという人事をすべきなのに、一向にやろうとしない。これこそが怠慢だと思うのですが、事務総局のエリートにはそれがわからないようですね」

「外部研修」の本当の狙い

最高裁が外部研修を本格的に取り入れたのは1982年のことだ。その表向きの理由は、「余裕を持って社会情勢を見直す機会を与えるため、判事補から判事、裁判官から裁判長になる対象者を、任地を離れて国内留学させる」というものだった。しかし本当の狙いは、別のところにあった。

その前年の4月、東京地裁民事第20部（破産部）には、東京地検特捜部が贈収賄容疑で強制捜査に入るという事件が発生していた。

同地裁破産部の業務は、破産会社の資産管理を弁護士から選任した破産管財人に任せ、その管理と処分、そして公平な配当を行わせることにある。弁護士にとって破産管財人の報酬は魅力的で、この事件で逮捕された破産管財人の弁護士は年間約1000万円の報酬を得ていたという。この弁護士は、恒常的に破産管財人に選定してもらえるよう、以前から破産部の複数の裁判官を買収。収賄容疑で逮捕された裁判官にはゴルフセットや背広を贈り、ゴルフ接待も繰り返していたのである。

金品を受け取っていた裁判官は、その後、国会の裁判官弾劾裁判所において「罷免」の決定を受け、法曹資格を失った。しかし、この前代未聞の不祥事への批判は容易に収まることなく、新聞各紙は裁判所への批判を繰り返し、国会でも連日質問があいついだ。

燻り続ける批判の根を絶つ目的で考え出されたのが、裁判官の国内研修制度だった。中堅裁判官を新聞社に送り込み新聞社の幹部連中を懐柔し、批判記事を書きにくくするとともに、裁判所には優れた人材がいるとのPRをおこなうのが、その真の目的だった。

この計画は、当時、最高裁事務総長だった矢口洪一によって立案されたもので、1982年10月7日の参議院決算委員会でこう趣旨説明した。

「過日新聞にも一部報道されましたが、部外の機構に裁判官を研修に出しまして、社会教育といいますか、まあいまさら社会教育と言われるかもしれませんが、そういった外の世界を見る、そういうことによって自己修養に努めその結果を後輩裁判官にも及ぼしていくというような施策を講じてまいっておるのが現状でございます」

うるさいハエのようにまとわりついては批判記事を書く新聞社に頭を下げ、研修をさせてほしいと下手に出て、彼らの自尊心をくすぐったうえでの新聞社研修だった。そして翌年の9月から翌々年の3月にかけ、「朝日新聞」、「読売新聞」、「毎日新聞」、NHKなどに数名の裁判官を1ヵ月ほど派遣している。

当時、この研修制度を間近で見ていた元裁判官が言う。

「この時、新聞社に派遣された裁判官は、外国留学から帰ってきたばかりのエース級が多かった。彼らは、研修の必要などない知性の持ち主で人柄もいい。だから、受け入れた新聞社の方はすっかり魅了されてしまって、こういう人なら、いつでも採用したいと言っていたほどです」

元裁判官の話が続く。

「一方、裁判現場で汗を流している裁判官からすれば、彼らは海外留学中、同僚に仕事の面で負担をかけているわけです。その負担をカバーするどころか、帰国するなり次は国内留学とばかり、また裁判現場を離れていく。これじゃ、仕事が増える一方の裁判官は嫌気がさしますわね。地方でどさ回りしている裁判官にすれば、もう、勝手にやってくれという気持ちになる。裁判部門の足腰を強くするどころか、現場の一体感を削いだうえ、その後の研修にも悪影響を及ぼした事例だったと思います」

しかし矢口洪一は、新聞社からの高評価を聞くと、自身の思惑が的中したことにご満悦で、側近を前に「ああ、うまくいった、うまくいった」と破顔一笑したという。これこそが、矢口が得意とした行政手腕であった。

司法行政部門に「一番いい人材」を集める基本方針は、いまも変わっていない。しかし現場の裁判官たちの多くは、最高裁の「裁判実力」をどこか醒めた目で見ている。

ある中堅裁判官は、「事務総局に行く人は、基本的な能力は高いのは認めます。しかし法廷での実務経験が少ない。そういう人たちが、全国の裁判官にあれこれ指示を出すことへの違和感は払拭できない」と語った。

また、ベテランの高裁裁判長もため息とともにこう述べた。

「本来、最高裁長官なり最高裁判事は、現場の裁判を一生懸命やってきた人のなかから上げるのがいいと僕は思う。裁判するときの事件に向き合う姿勢だとか、的確な判断をおこなえるセンスというのは、司法行政部門では養えないからです」

実際、司法行政部門での勤務が、裁判官人生の8割近くを占めていたある最高裁判事の地裁裁判長時代の判決文は、判事補なみの稚拙な内容だったと語り草になっているほどだ。

ただでさえ最高裁は、行政官庁や学者出身など、裁判実務の経験が乏しい判事が半数近くを占めている。

まして、検察庁や行政官庁からやって来る判事は、自身の出身母体での検事総長レースや次官レースに敗れた官僚が、一種の天下り先としてやってくるケースも少なくない。

もともと裁判実務面での法的判断は期待されてはいないものの、この種の「天下り組」には、意欲という点で疑問符がつく人も中にはいるはずだ。それだけに、裁判官出身の最高裁長官や同判事の「裁判実力」が問われるのだが、2017年現在、彼ら6名のうち、裁判部門での勤務期間が司法行政部門より長いのは、菅野博之判事だけ。あとは司法行政部門での勤務の方が圧倒的に長く、少ない部類の戸倉三郎判事でも約7割は司法行政部門である。また、寺田治郎第10代最高裁長官の長男で、親子二代で最高裁長官となった第18代長官の寺田逸郎の場合は約8割が司法行政部門での勤務だった。

「お友達人事」で、気心の知れた裁判官を最高裁判事に引き上げるにあたっては、箔付けのため短期間、高裁長官にして最高裁判事に引き上げている例まであるが、これは裁判現場を踏み台にする行為として、多くの裁判官は、口にこそ出さないものの内心不満を募らせている。しかしそんな静かな批判には向き合おうとはせず、最高裁は十年一日のごとく従順で忠実な裁判官たちを登用し、司法行政の脇を固めることに勤しんでいるのである。

最高裁のみならず、高裁、地裁に勤務する裁判官たちもまた、世俗的な欲望とは無縁ではない。任官中は同期に遅れることを憂え、定年が近づいてくると「第二の人生」に思いを巡らすのは避けがたい人情なのだろう。

元裁判官の弁護士は、定年が視野に入った裁判官の心理をこう解説した。

「裁判官は司法試験に合格しているので、退官後も弁護士としてやっていけると思われがちですが、この業界はそれほど甘くはない。とくに司法制度改革で弁護士の人数が急増して以降は、顧客の奪い合いをしているような状況です。よほど能力の高い人でないとやっていけない。少なからず焦るものです」

また、別の元裁判官も、自嘲の笑いをもらしながら語った。

「裁判所は官僚社会ですから、最高裁のお眼鏡にかなうか、目をつけられるかで老後の生活設計がかなり違ってくる。ですから、『判決はこういうふうに書かんといかんのじゃないか』『本当は、こう書きたいんだ』と思っても、ある程度、歳をとってくると自制する方向に流れるものです。人間って、なかなか強くなれない。理想と現実のギャップってありますよ」

恵まれた天下り先

憲法によって「身分保障」されている裁判官の場合、「報酬は、在任中、これを減額することができない」と規定されている。しかしこの憲法条文を裏読みすれば、増額することなく、昇給をストップすることができる。同期より昇給を遅らせ、エリートの自尊心を毒することで、最高裁は裁判官に自己規制を促してきたのである。

一方で、裁判所にとっても「天下り先」はなくてはならない再就職先である。これによって組織のヒエラルキーとともに、求心力を維持できるからだ。

裁判所の頂点に君臨する最高裁長官と同判事の選から漏れた高裁長官や、同じようなペースで昇進してきた「高位の裁判官」たちを、本人の了解のもと定年前に勇退させるための天下り先としておもに三つの受け皿が用意されている。

ひとつは、政府の「行政委員会」などの委員ポストであり、もうひとつが「公証人」ポスト。そして、簡易裁判所の判事ポストである。

２０１７年現在、14の「行政委員会」などに18名の元裁判官が天下っている。いずれもが、衆参両院の同意を必要とする重要委員会で、身分は閣僚や政府高官などと同じ「特別の職員」だ。そこでの仕事は、国家公務員の倫理違反の有無を監視したり、労使間の紛争を解決したりと、担当する行政分野で必要な調査や勧告などをおこなっている。これに対し、支払われる委

裁判官の「天下り先」一覧

行政委員会など　18名		
年収 約1800万～2800万円		
国家公務員倫理審査会	会長	1名
公正取引委員会	委員	1名
公益認定等委員会	委員	1名
再就職等監視委員会	委員長	1名
情報公開・個人情報保護審査会	会長	1名
	会長代理	1名
公害等調整委員会	委員長	1名
	委員	1名
行政不服審査会	会長	1名
電気通信紛争処理委員会	委員長	1名
中央更生保護審査会	委員長	1名
公安審査委員会	委員長	1名
中央労働委員会	会長代理	1名
労働保険審査会	委員	2名
社会保険審査会	委員長	1名
	委員	1名
公害健康被害補償不服審査会	委員	1名

簡易裁判所判事　65名	公証人役場　139名
年収 約1534万円（推定）　定年：70歳	年収 約1500万円（推定）　定年：70歳

員報酬は賞与も含めると年間で約1800万〜2800万円にのぼる。

この報酬額について、現在、参議院議員を務める上田清司が、衆議院議員時代にあまりに高すぎると問題にしたことがあった。結果、当時と今では、報酬額は1割程度引き下げられている。

2001年6月6日の衆議院決算行政監視委員会で、上田代議士は、委員会報酬を時給換算した数字を示しこう質問した。

「総理大臣は、年間支給総額を総時間で割りますと、時給に換算しますと一万五千百円、これが総理大臣の時給であります」

そして、「中央更生保護審査会」「公害健康被害補償不服審査会」「社会保険審査会」などの年間の審議時間を示しながら続けた。

「これで、時給当たり換算すると、一番高いのが、一時間で四十三万七千円もらう方がおられるということになります」「それから、ほかにも十九万だとか十八万。これは退職金も入っておりません」「各委員会の常勤の委員の方々は、退職金が、一期三年程度で五百万いただける」

拘束時間が短く、高額の委員報酬だけでなく、退職金のおまけまでついているのだから、同委員ポストはもっとも優遇された天下り先といえよう。当然のことながら、最高裁の覚えめでたい裁判官でなければ声がかからないポストである。

これら委員会のうち、初代から現在まで、高裁長官経験者が委員長を独占しているのが「公害等調整委員会」だ。同委員長の年間報酬は約2385万円である。この委員会は、民事訴訟だと多くの費用と時間がかかることから、公害紛争処理を柔軟かつ迅速におこなう機関として設立された。以来、同委員長ポストの国会同意人事は拒否されたことはない。

もうひとつの天下り先である「公証人」には、約140名の元裁判官が任命されていて、全公証人497人中約3割を占める。あとの7割は元検察官や法務省職員などからの任命がほとんどだ。

公証人は、法務大臣によって任命される「実質上の公務員」だが、国から給与が支給されることはない。おもな収入源は、「公正証書」や「遺言書」などの作成にあたって受け取る手数料収入である。ここから公証人役場（事務所）の諸経費を引いた残りが収入となる。いわば、自営業に近い経営形態といえよう。

だからといって、各公証人の収入に差が生じることはほとんどない。「経済合同」という所得再配分システムをとっているからだ。

東京の公証人を例に取れば、「東京公証人合同役場」に各公証人の収入の半分を上納し、そこから各公証人の事務経費などを差し引いた額を均等分配している。そのため、霞が関や向島など担当する地域によって、収入に極端な格差がでない仕組みとしているのだ。また大阪の場合は、同じ「経済合同」でも「十割合同」と言って、公証人の収入のすべてを「大阪公証人合同役場」に上納したのち、同じように事務経費を差し引いた額を均等割りし、全員に同額を支給しているのである。

大阪高裁管内の元地裁裁判長が言う。

「かつては、公証人の年収は3000万円を超えていました。しかし、いまはかなり下がっているものの、それでも年間で1500万円は下らないと聞いています。定年前の63歳で裁判官を辞めて70歳まで公証人を務めれば、優に1億円の収入を得られる計算になります」

現役時代、法令遵守を国民に強いてきた裁判官や検事たちが、公証人に天下った途端、所得税法に抵触する「事件」を引き起こしたことがあった。東京の公証人約10人が、1998年までの3年間で総額約5000万円の税務申告をごまかし、東京国税局から追徴課税されたのである。その遵法精神の欠如を「読売新聞」はこう批判した。

「これらの公証人は、所得の申告に際し、高級レストランで妻と二人で個人的に食事をした代金や、家族旅行の費用などについて、公正証書を作成するための顧客との懇談・交際費として計上したり、遺言状作成のための出張旅費などとして申告していた。中には、後輩の地検検事正らとのゴルフ代も経費計上していた悪質なケースもあった」

前述したように公証人は法務大臣が任命している。そのため国税庁は、過去、法務省傘下の検察庁との関係を壊しかねない公証人への税務調査を敢えておこなってこなかった。脱税事件の摘発において、検察庁と協力して捜査や調査にあたる必要があるからだ。

そのタブーが破られたのは、この事件の3年前、東京地検特捜部が摘発した「大蔵省接待汚職事件」に起因しているという。この捜査過程で、検察庁に呼ばれた大蔵省の官僚たちは、任意の事情聴取ながら耐えがたい屈辱感を抱かされた。その意趣返しとして、公証人の申告漏れを指摘したとされている。

手厚い年金

もうひとつの天下り先である「簡易裁判所」は、１４０万円以下の金銭を巡る訴訟や交通事故の調停など「日常生活における紛争を取り扱う身近な裁判所」である。簡裁の最大の特徴は、司法試験にパスしていないものの、書記官や裁判所職員の中から「簡易裁判所判事の職務に必要な学識経験のある者」が判事に任命されている点だ。

元簡裁判事の馬場周藏の『裁判所で見たこと聞いたこと』によれば、「簡易裁判所の裁判官は、（書記官などからの）選考任命の者が大多数で、（裁判官など）法曹有資格者は、大都市の簡易裁判所に、六五才過ぎの所長経験者が若干いる程度」とある。

ところが、いまでは65歳前後の裁判官65名が、定年後に天下っていたり定年前に転籍したりしている。この理由をある裁判長はこう語った。

「行政官庁のように多くの天下り先をもたない裁判所では、大物裁判官の退官後の処遇先として簡裁を受け皿にする以外にないのです。このほか、組織の新陳代謝のため、定年に近い大物裁判官に簡裁に移ってもらい、ポストを空けてもらっている。そうすることで、簡裁の充実にも繋がるというわけです」

簡裁の裁判長の定年は70歳なので、ここでも定年が実質5年延びることになる。簡裁判事に天下ったり転籍した裁判官には、給与とボーナスを含め年間約１５００万円が支払われる。か

裁判官の年金と退職金

	定年	年金※	退職金
最高裁長官	70歳	約36万6000円	1億135万円
最高裁判事	70歳	約36万6000円	9810万円
高裁長官	65歳	約33万9000円	7530万円
判事1号～判事3号	65歳	約33万9000円	6399万円～5258万円

※妻が主婦と想定。夫婦での受給月額

りに5年つとめれば約7500万円。定年前に転籍し、8年勤務したとすれば約1億2000万円の収入となる。忙しさという点で、先のふたつの天下り先とは比較にならないが、65歳前後から得られる収入としては不満のない額であろう。

当然のことながら、彼らにはこの他にも手厚い年金が支給される。

裁判官の給与はもともと高額のため、最高裁長官も地裁の裁判長（判事3号）も、納める月額保険料は同じ上限額の5万6730円（2019年度）で、その納付期間の違いによって受給額に差が生じることになる。

最高裁長官と同判事の定年は70歳で一般の裁判官は65歳のため、加入期間に5年の差が生じる。その差を前提として、夫人が専業主婦との仮定で試算すると夫婦で受け取れる年金額は、最高裁長官や同判事は月額約36万6000円。高裁長官や地裁裁判長クラスで月額約33万9000円となる。

サラリーマン夫婦が受け取る厚生年金の平均受給額約22万円と比べ、約5割から6割も多い。

このような元裁判官たちの優雅な「第二の人生」を目の当たりにして、参議院議員で法務委員会委員を務める有田芳生は、司法権独立への危惧が懸念されると語った。

「裁判官のOBといえど、ここまで政府や法務省から恩恵を受けているとなると、国を対象とした裁判が公正になされているかどうか心配になってくる。安定した老後を手に入れるため、最高裁の意向を忖度し、国に有利な判決を下す裁判官が出ないとも限らない。そのような疑念を抱かれないためにも、最高裁は、裁判官の政府関係機関等への天下りの詳細を毎年公開し、どのような疑問に対しても真摯に答えていく必要があるでしょう」

第六章　「平賀書簡問題」の衝撃

「東大法学部」と裁判所の関係

最高裁長官と最高裁判事の人事では、その決定プロセスに形式上の違いがある。長官人事は、最高裁が推挙する長官候補者を内閣総理大臣が承認したのち閣議決定を経て、天皇が「任命」する。これに対し最高裁判事の人事権は内閣が握っていて、首相が任命したのち、天皇が承認することになっているからだ。

ただ長官人事にしても、天皇による任命は、長官という地位に威信を持たせ総理と同格とするためのものであって、実質的な任命権が内閣に帰属することに変わりはない。いずれの人事も、事前に内閣と最高裁で話し合いが持たれるものの、基本的に最高裁側の意向がそのまま了承されるのが慣例になっている。

東大法学部長を経て、1964年の池田勇人内閣で最高裁判事に任命された田中二郎は、『日本の司法と行政』のなかで述べている。

「私の最高裁入りの話が出たときに、私は仮に推薦されても政府のほうで問題にしないというようなことも当然ありうるだろうと思って、横田長官に『その点はどうなのですか。』と伺ったところが『そんなこと心配ないよ。』と全然問題の余地がないようなお話であった。というのは、長官としては、事務総長と官房長官との話合い、さらに長官と総理との話合いによって、最高裁が考えている線できまることは間違いないという確信をもっておられた」

この当時、最高裁長官や最高裁判事の人事を実質的に決めていたのは東大法学部だった、と元最高裁長官の矢口洪一は言っている。

「私が『大体間違いない』と思っているのは——その後は違いますが——そのときまでは、裁判所と関係がないところで、長官人事が行われていたのではないかということです。……少なくとも、あれは東大法学部の人事です。田中二郎さんぐらいまでは、そうでしょう」

しかし、1969年の第二次佐藤栄作内閣における最高裁人事は違っていた。佐藤首相は、第4代最高裁長官の横田正俊との話し合いにおいて、それまでの慣習を破り長官人事を主導したのである。

同年1月8日の『佐藤榮作日記』には、「横田最高才長官を官邸によんで後任の推薦を頼む。田中［二郎］君は推さぬ。明日午後石田［和外］君を官邸によんで交渉をする積り。度々新聞に出た名前で検察庁も賛成、剣道の達人らしい」とあり、翌日の日記にこう記した。

「石田判事をよんで最高才長官になってくれと交渉する。勿論問題なく引きうける。そこで司法研修会［所］及判事の身分等について懇談する。三権分立の立前で懇談である事は当然。任命式は土曜の予定」

当時の社会情勢は、ベトナム反戦運動や沖縄返還運動、さらには日米安全保障条約の自動延長に反対する「第二次安保闘争」など、労働運動、学生運動が異常な盛り上がりを見せていた。全国の大学では、連日のように全学連と機動隊が衝突し、その象徴とも言うべき東大闘争は、安田講堂での全共闘と機動隊との激しい攻防戦が2日にわたって繰り広げられたのち、全共闘系の学生は全員逮捕された。以後、東大の運営は正常化に向かったものの、「今の状態で入試を認める事は民青に力を与へ、将来の禍根となる」との判断から、１９６９年３月の東大入試は取り止めとなっている。

国内事情のみならず、米国の極東政策とも歩調を合わせなければならない政権は、なにより左翼勢力の台頭を抑え、治安の安定化をはかる必要があった。

難しい政権のかじ取りに必要なことは、政府から「独立した司法」ではなく、政府と「連携した司法」だった。内閣と同意見の最高裁長官を起用し、無難と思える最高裁判事や司法研修所の教官たちで、地裁や高裁の裁判官を束ねる必要があったのである。

当時を回想して元東京高裁裁判長は言った。

「あの頃、僕は最高裁の事務総局勤務でしたよ。まわりは皆、田中さんが次期長官になると言っていた。ダークホースとして石田さんの名前も挙がっていたけれど、石田さんは初任地が東京地裁じゃなかったし、最高裁の事務総局に来たのも遅かった。その後も、裁判部門に出たり事務総局に戻ったりと、いわゆる長官コースを歩んでいない。学者として実績のある田中さんと比べれば、キャリアにおいて見劣りがしたものです。だけど僕は、石田さんが長官になると思っていた。田中さんは、労働裁判で公共企業体の職員の争議権に理解を示したのに対し、石田さんは、非常に厳しい意見を出していた。これは政府の路線と同じだから政府は評価する。次期長官は、田中さんではなく石田さんだろうと言っていたので、あれは当たったねって、のちのちまで言われたものです」

長官人事の3年前、1966年10月26日の最高裁大法廷は、約8年にわたって争われてきた「全逓中郵事件」への判決を言い渡した。旧郵政省の職員組合であった全逓信労働組合中央本部が、東京中央郵便局などの組合員に職場を離脱し、春闘の集会に参加するよう指示。その指示や説得にあたった組合幹部が、郵便物の取り扱い業務を妨害したとして、郵便法違反教唆罪で起訴された事件であった。

最高裁大法廷はこの日の判決で、「暴力を伴ったり、社会通念に照らして不当性を伴わない場合は、刑事罰の対象にならない」としたうえで、先に「有罪の評価を受けるべき」とした東京高裁判決を破棄し、再度の審理を高裁に命じたのである。

この大法廷判決は、1名の判事が定年退官を迎えていたうえ、2名の判事も口頭弁論には列席したものの判決前に退官していたため、12名の判事によって判決が言い渡された。彼らの意見は8対4に分かれ、判決を形成した多数意見は、労働基本権を重視する立場を取り「刑事罰の対象にならない」としたのである。これに対し反対意見は、全体の奉仕者である公務員等に、国家の運営に支障をきたす可能性のある争議権はいっさい認めないとするものだった。ふたつの相反する意見のうち、前者に名を連ねたのが田中二郎であり、後者に名を連ねたのが石田和外だった。

ついでながら注意しておくべきことは、この最高裁判決の約1年前の閣議了承であろう。総理府総務長官だった安井謙は、国家公務員が「佐藤内閣打倒とか、自民党反対というように特定の内閣や政党に反対する目的で行うデモなどは、勤務時間内であるかどうかにかかわらず、明らかに人事院規則で禁止されている政治的行為に該当する」として、「厳重に処分する」ことを閣議で提起し、了承されていた。

「時代にふさわしい長官」

そんな時代の雰囲気を、前出の田中二郎は、最高裁判事を依願退官したのち感慨深げに語っている。

「自民党の中には、いまの最高裁の裁判というものがだんだん左傾化してきたという声が出てきて、調査会のようなものをつくって裁判官の思想動向、それの裁判への反映の実態を調査するというようなことをいい出し、それに呼応するかのごとく党外にも最高裁裁判官の人選についていろいろと意見を述べる人が出てきている」

この時、意見を述べたひとりに木村篤太郎がいた。弁護士出身で、全日本剣道連盟初代会長だった木村は、終戦直後の幣原喜重郎内閣で検事総長に登用されたのち、第一次吉田茂内閣で司法大臣、第三次吉田改造内閣でも行政管理庁長官と法務総裁（法務大臣）を、そして第四次吉田内閣では保安庁長官、さらには第五次吉田内閣では防衛庁長官を務めるなど、吉田首相が信頼した側近のひとりだった。

吉田首相が後進の育成と、自身の基盤強化のために作った「吉田学校」でその筆頭格だった佐藤首相は、当然、木村とも昵懇の間柄で『佐藤榮作日記』にはしばしば木村の名が登場する。1969年10月14日の日記には、いかにも楽し気に木村との交友を記した。

「木村篤太郎さんが朝早くやって来て、身辺の護衛から四選にふれる迄広汎に注意してくれ、此の人らしい親切な御注意感謝」

政治学者の御厨貴と元最高裁長官の矢口洪一が、最高裁長官に石田が選ばれた際の人事について交わした会話にも木村は登場する。御厨が、「木村篤太郎が何度も佐藤さんのところへ来て、『これからの時代に、ふさわしい長官でなければいけない』と言い始めていましたね。最終的に、どうも石田さんの名前を挙げたような感じが出ていますね」と言うと、矢口はこう返した。「木村篤太郎さんは、おそらく佐藤さんに対して、『このままだったら、司法はどうなるか分かりませんよ』と言ったんでしょうね」

石田和外は、木村が司法大臣だった時の人事課長で、のちに木村の後任として全日本剣道連盟の2代目会長に就任している。戦車のような行動力と発言力の持ち主と称された石田は、最高裁の事務総長時代に予算配分をめぐって植木庚子郎法相と対立し、一歩も引かなかったという逸話を残している。

「法務大臣室で、植木法相と向かいあって約一時間一言も口をきかなかった。苦り切った植木法相は部屋の中をグルグル回りながら……詰め寄った。しかし依然として沈黙が続いた。石田氏はアダ名の通りトラフグのようなふくれつらをしている。そのため予算運用の話は途切れ、ついにご両人はそのとき和解しないまま別れた。同郷であり、中学の先輩でもある植木法相に対してさえそうである」(「読売新聞」1962年3月9日付)

裁判官もまた、国から給料をもらっている役人であり、政府と歩調を合わせ統治機構の一部を積極的に担わせるべきとして、その準備を進めていた佐藤首相にとって、石田は願ってもない適任者だった。保守思想の持ち主であるだけでなく、誰に対しても臆することのない頑固一徹な石田を長官に登用すれば、困難な時代を舵取りしていけるとの自信を深めたはずである。

すでに前年度（１９６８年）の予算編成において、政府自民党は、最高裁を取り込むための布石も打っていた。老朽化などによる各地の裁判所の補修や建て替えを迫られていた最高裁への、特別のバックアップをおこなっていたのである。

当時、最高裁経理局の営繕課長として、大蔵省との予算折衝にあたっていた元東京高裁裁判長の石川義夫は、『思い出すまま』のなかで述べている。

「川島（正次郎）副総裁以下自民党の親分連中」のところへ、「総長を始め、総務局長、人事局長、経理局長皆さんが足を棒にしてこの数ヶ月陳情して回った」おかげで、裁判所予算は「自民党で丸政（自民党が最重要と認めた事項につけるマーク）がついた」。それによって、大蔵省主計局が財政硬直化にともなう経費削減方針を公式表明していたにもかかわらず、最高裁の営繕費等はほぼ満額に近いかたちで認められることになった。

当然ながら政府への借り意識が生まれ、最高裁の経理局長が「あれだけ治安対策の連中を使ってこの予算を通したら、後が大変だろうなあ。本当に人事局はやれるんだろうね」とつぶやくと、矢崎憲正人事局長は笑いながら返した。「そりゃ、やるとも」。

最高裁をあげて政府自民党に協力するとの宣言であった。いま振り返ってみると、この予算編成から半年後に札幌市郊外の長沼町に地対空ミサイル「ナイキ・ハーキュリーズ」の基地建設計画が公表されている。そしてその1年3ヵ月後には建設用地を確保するため、林野庁は、長沼町周辺の保安林指定を解除。伐採の許可を出していた。

政治は、先読みと可能性を探求する技術とも言われる。地元で反対運動が起こり、保安林伐採の執行停止を求める訴訟が起こされるのは確実だっただけに、その訴訟対策として「丸政マーク」があり、石田長官の登用があったのであろう。

深謀遠慮に富んだ佐藤首相が、日米安保条約のもとで推進すべき保守政治の盟主だとすれば、石田長官は裁判所を「ハト派」から「タカ派」に切り替えるための旗手だった。この二人によって、政治と司法の協調関係を築こうとしていた矢先、日本中を騒然とさせる事件が裁判所で起こった。

長沼ナイキ基地訴訟

冷戦構造のなかで、ソ連の脅威に対抗するため建設が決まったナイキ基地に対し、地元の長沼町住民が起こした「長沼ナイキ基地訴訟」は、国と地元住民が権利関係を争うという単純なものではなく、日本の防衛が関係していたうえ、背景には「ドミノ理論」に基づく米軍の極東戦略があった。ひとつの国が共産化すれば、ドミノ倒しのように周辺諸国も共産化するという、一種の強迫観念から生まれた理論である。

非常にやっかいな訴訟であり、当時の札幌地裁の裁判官たちは「来るぞ、来るぞ」といっては日々緊張を高めていたという。

この訴訟を担当したのが札幌地裁民事1部の裁判長で、青年法律家協会裁判官部会のアクティブメンバーでもあった福島重雄（11期、当時39歳）だった。青法協は、「すべての政治的立場をはなれて、……平和と民主主義をまもる」とのスローガンのもと、裁判官、弁護士、検事など若い法律家の参加を得て冷戦時代の1954年に発足した団体で、最盛期には全裁判官の2割近い「350名」が会員に名を連ねていた。

長沼町の住民による提訴から約1ヵ月後、福島裁判長が下した決定は「憲法違反の疑いがある自衛隊のために、保安林を伐採するのは問題であり、保安林指定解除処分の執行を停止する」というものだった。国の主張を全面的に退けたのである。決定を不服とする国側は、直ちに本訴を起こし裁判闘争へと突入するのだが、このケースはそのプロセスが少し違っていた。決定が国側に告知されるまでの間に予想外の展開が起こり、社会を騒然とさせる事件に発展していたのである。決定告知の直前、札幌地裁のトップであった平賀健太所長が福島裁判長に書簡を届け、住民側訴えを退け、国側の主張を認めるよう求めていて、しかもその書簡が外部流出したのだ。

書簡は、「大兄の人柄を信頼した上での老婆心ですから何卒小生の意のあるところを率直に汲み取って下さるやうにお願い致します」と断ったうえでこう続けていた。「裁判所も農林大臣の裁量によるこの判断を尊重すべきものである」

のちに憲法の解説書は、この「平賀書簡」を取り上げ、「裁判に対する不当な干渉であり裁判官の職権の独立を侵害するものであった」と批判した。裁判干渉の決定的証拠である平賀書簡が「朝日新聞」、共同通信などに流出したことで、NHKや民放各局などでも一斉に報じられる事態となった。裁判制度への信頼を揺るがす問題だけに、世論は沸騰し、社会を震撼させる大事件へと発展したのである。

当時、札幌高裁の熊野啓五郎長官が最高裁に提出した「経過説明報告書」によれば、ことの経緯はこうだった。

長沼ナイキ基地訴訟の審理が終了し、決定書が告知される約2週間前、平賀所長はまず、福島裁判長の上司にあたる民事部の平田浩部総括にメモを届けている。同メモには、平賀所長のこんな見解が記されていた。

「本件原告等（執行停止事件の申立人等）は行政事件訴訟法…第九条にいう解除処分の取消しを求めるに付いての『法律上の利益』を有すると言い得るか。単に長沼町住民であるということだけでは同条による原告適格を有するとは言い得ないではないか」「航空自衛隊高射教育訓練施設としての地対空ミサイル基地の設置が、憲法第九条の規定に違反する……とは言い得ないのではないか」「いやしくも本件保安林の指定解除につき『公益上の理由による何等かの必要』が認められる以上、その必要性の程度の判断は農林大臣の専権に属し、裁判所といえども右判断の当否を審査することはできないのではないか」

メモの締め括りは、暗に住民側の主張を退けるよう示唆する内容だった。

「なお、私見によれば憲法第二条（ママ）に定める国民の自由および権利に直接に関わることのない同法第九条の規定の違反の主張については、裁判所は判断の機能がないと考えるが、如何」（註・「国民の自由および権利」の規定は第三章）

メモを一読した平田部総括は、これは裁判干渉にほかならないと判断し、福島裁判長に伝えることなく自身のもとで握りつぶしていた。

メモを渡したにもかかわらず、一向にレスポンスがないことに痺れを切らした平賀所長は、決定告知が2日後に迫った8月10日の日曜昼頃、所長代行で地裁全体の上席だった渡部保夫部総括と平田部総括の二人を所長官舎に呼んで、事件の審理について福島裁判長と話し合いたいがどうかと相談している。二人は、社会的関心の高い事件だけに決定後、騒ぎが起きる可能性もあり、庁舎管理警備上のことに限定して話し合うのはいいが、事件の内容に立ち入るのは不適当とアドバイスした。

その日の夕刻、平賀所長は、再び、渡部部総括を所長官舎に呼び、次いで福島裁判長も呼び出したうえで、「長沼ナイキ基地訴訟」の決定告知を1週間ほど延期してほしいと要請した。延期の理由は、告知当日、出張の予定が入っていて在庁できないため、万一、問題が生じた場合、所長としての責任を果たせないというものだった。福島裁判長は、その場では了承したものの、帰宅途中に考えを改め、平田部総括の官舎に立ち寄ったうえでこう述べた。決定告知による庁舎管理上の問題はないと思われるので、予定通り明後日に告知する。そのことを明朝、所長に伝える――。

翌月曜の朝の所長室で、渡部、平田両部総括同席のもと、福島裁判長は決定要旨の報告をおこなった後、予定通り明日、決定告知をおこなうと述べている。これに対し、平賀所長は強硬に延期を求め、話し合いは平行線をたどるばかりだった。そこで一旦、話し合いはお開きとなるものの、再度、福島裁判長が所長室を訪ね、二人で話し合いをしているところへ、国側から補充意見書を追加提出したい旨の電話連絡があり、ここでようやく福島裁判長も12日火曜日に予定していた決定告知の延期を了承したのである。反面、そのタイミングの良さから、所長と国側が裏で通じているのではとの疑念を強く感じたらしかった。

平賀所長は、よほどの使命感に駆られていたのだろう。出張から戻った8月14日木曜日の午後4時ごろ、裁判所職員に命じて直筆の書簡を福島裁判長の官舎に届けさせている。これが騒動の元となる平賀書簡であった。

開かれた「裁判官会議」

書簡を受け取った福島裁判長は、書簡のことを二人の陪席裁判官（判事補）には伏せたうえで、保安林伐採を禁止する旨の決定告知書を完成させている。そしてその後、陪席裁判官だけでなく渡部、平田両部総括にも書簡を見せるや、怒りを露にしたのである。

当時、福島裁判長のもとで陪席裁判官を務めた木谷明は、『「無罪」を見抜く』のなかで述べている。

「福島さんが『〔平賀〕所長から手紙が来ている』と言い出したんです。福島さんは、初めは私には言わなかったんですけど、途中で『実はこういうのが来ているんだ』と明かしました。私が『どうしますか』と尋ねたら、福島さんは『記者会見をやって、こんな手紙が来ているってぶちまける』と言うんです。私は『ちょっと待ってください。やるには、やっぱり内部で手続を踏んでからの方がいいでしょう』と申し上げました」

裁判所の意思決定機関は「裁判官会議」だが、全裁判官が参加して行われる裁判官会議は機動性に欠けるため、通常の課題は「常置委員会」で取り扱われることになっている。8月27日に開かれた常置委員会の結論は、平賀書簡は深刻な問題であり、正式の裁判官会議を招集し、議論し、処理すべきというものだった。

当時、裁判官会議の開催を働きかけていた常置委員のひとりで、一連の経緯をよく知る元裁判官によれば、裁判官会議を開いて検討するには、次の点を守ることが必要だという大方の裁判官の意見を平賀所長と福島裁判長に伝え、了解を得てあったという。

「裁判官会議で審議する以上、どのような勢力からの影響も受けないできちんと公正に審議し、判断することを約束する。だから、平賀所長も福島さんもマスコミと個人接触して自分に都合のいいことだけをしゃべり、応酬し合うことは止めてもらいたい。公正な判断の妨げになるし、真相が分からなくなれば裁判所の信用を失墜するだけになる。また、裁判官会議で結論が出たときは、かりに自分の言い分の一部が認められなくても、公正な判断と認めてこれに従ってもらわなければ困る。たとえて言えば民事裁判において、裁判所が公正な判断に努めても原告の主張が常に100%通るとは限らない。100%通らなくても当事者としては、公正に判断された結果を受け止め、これに従ってもらうことが必要で、我々が日々行っている訴訟もそのような仕組みのうえで成り立っている。裁判官会議の場合もそれと同じだ。もし、その約束ができず、自分の言い分が通らなかったら勝手な応酬をし合い泥仕合になるようなら、裁判官会議は最初から関与しない方がよいと伝え、了承されたのです」

札幌地裁の本庁と支部に勤務する裁判官28人が参加しての臨時裁判官会議は、書簡問題が発覚してから約1ヵ月後、9月13日の土曜日、札幌高裁付属司法研修所分室で開かれ、午後1時頃から日付のかわる14日午前零時頃まで、延々12時間にわたり議論が戦わされた。

通常、裁判官会議の司会役は地裁の所長が務めることになっているが、平賀所長が当事者であるため、所長代行の渡部保夫部総括が司会を務めることになった。しかしその司会にも不満が出たため、最終的に小樽支部長だった広岡得一郎裁判長に替わっている。その辺の事情を木谷はこう記している。

「渡部さんが司会をすることになったんですけど、その頃の渡部さんはちょっとおかしかった。所長べったりだった。その後、何年かして私が調査官になった時、渡部さんが上席調査官でおられて、また一緒になって親しくおつき合いさせていただきました。その中で、平賀事件のことも話したことがありますが、渡部さんは、『あの時、僕は、所長の人柄に惚れすぎちゃったなあ』と述懐しておられました。そういう状況で、渡部さんが所長擁護一辺倒の司会をするので、『こりゃダメだ』という意見が皆さんから出て、『渡部さんも外れろ』ということになりました」

裁判官会議の結論は、平賀所長への非難決議だった。全員一致で採択された決議文にはこう書かれている。

「事件に関する事実認定、法律適用上の問題について自己の見解を記載した書簡を交付したことは、裁判権の行使に不当に影響を及ぼす恐れがあり、きわめて遺憾である。よって厳重に注意する」

これで一応の決着がつくはずだった。しかしこの時すでに、事態は予想外の展開を見せていたのである。会議の途中、ひとりの裁判官が窓から外を見ると、裁判官会議が開かれていた部屋をうかがうように、道路の反対側に一台のタクシーが止まっていて、その中には共同通信の記者が二人いた。そして会議終了とともに取材攻勢がはじまった。前出の木谷も、「家に帰ると新聞記者がいっぱいいるんですよ。こっちは『一切言えない』と断るんだけど、取材は執ようでした」と述べている。

裁判官会議が明けた14日には、早くも夜9時のNHKニュースで、平賀所長の記者会見の模様が放送され、平賀所長は「たとえば兄貴が弟に助言するような気持で出した。……裁判官に対する干渉とか圧力とかいわれるのは、まったく残念だ」と弁明した。そして翌15日の朝刊各紙の一面には、平賀書簡の全文が掲載されるなど、怖れていた泥仕合がはじまったのである。

裁判官会議に出席した元裁判官は、会議内容は公開しないとの約束が守られなかった理由をこう解説した。

「平賀所長は、新聞記者が取材に来てあれこれ聞くのは、福島さんが裏でしゃべっているんだと、どうも思ったらしい。それで自分も負けずにやった。一方の福島さんは、所長がしゃべってるんだから俺もとなり、その時点ではまだ、マスコミに漏れていなかった平田メモについても話してしまうんですね。書簡だけでなくメモまで出していたというので、収拾のつかない騒動になってしまった」

平賀書簡問題をマスコミが大々的に報じた当日、石田最高裁長官は、タイのバンコクで開かれた世界裁判官会議に出席していた。日本での騒動について報告を受けるや、長官の形相はみるみる変わっていったという。

政府と「連携した司法」を構築しようとしていた矢先、裁判干渉の事実が明らかになり出鼻をくじかれたうえ、一大政治問題を惹起させてしまった。それもこれも地裁の裁判官が騒ぎ立てたからだ。長官として、このまま黙って見過ごすわけにはいかないとの思いを固めることになる。

差別人事の始まり

帰国直後の羽田空港で記者会見を開いた石田長官は、「裁判に対する国民の信頼が失われぬよう、よく調査して善処したい」とのコメントを出すとともに、翌日には、札幌高裁の熊野長官と平賀所長を最高裁に呼びつけ、岸盛一事務総長の立ち会いのもと、ことの経緯を報告させている。ただ、最大の関心事であった書簡の流出経路については把握できなかった。

この時、提出された平賀書簡に関する「経過説明報告書」には、「平賀書簡は当初共同通信社、朝日新聞社等の手に入ったものと思われる節が強いが、どこから手に入ったかについては、福島裁判官が書簡のコピーを個人的に東京などに送って公表すべきか否かの意見を聞いた先からもれたものか或いは福島裁判官もしくはその周辺の裁判官からもれたものかは、現在までのところ具体的には判らない」としか記されていない。

この時、石田長官は、書簡流出の犯人を捜しだし、青法協を裁判所から排除しなければならないと肚を固めたと、当時、最高裁事務総局に勤務していた元裁判官は私の取材に述べた。実際、長期的な人事政策として、青法協会員の裁判官だけでなくシンパと目された裁判官への「差別人事」を断行したのである。

「平賀書簡をマスコミにリークしたのは、青法協の裁判官以外考えられないわけですから、青法協を中央から徹底して遠ざける必要があった。なぜって、外部と結託して裁判所を批判するような裁判官は危なくて置いておけないからです」（前出の元裁判官）

まして普段、管理されている地裁の裁判官たちが、裁判官会議で所長を「厳重注意」したことなど、かつてなかったことだ。これには最高裁のみならず、高裁長官たちも激高した。当時、最高裁に高裁、地裁の刑事裁判官を集めて開かれた「中央会同（協議会）」に出席した元裁判官は、その時の様子をこう述べた。

「会同終了後、旧最高裁庁舎1階の中央会議室で開かれた食事会で、この一件が雑談の話題にのぼった。隣の席の最高裁判事と、その向かいに座っていた東京高裁長官が『平賀君も下手なことをした。しかしそれ以上に、若い判事補が集まって上司である所長を注意するなどもってのほか。けしからん』と、息巻いていました。それを聞きながら、つくづく、裁判所という階層社会では踏み越えてはいけない領域があるんだなと思ったものです」

若手裁判官たちをこれ以上増長させないとともに、「平賀書簡問題」を収めるにはスケープゴートが必要だった。次章で詳しく述べるが、そのターゲットとされたのが、青法協の中心メンバーであった宮本康昭判事補（13期、当時35歳）である。


裁判官は、任官から10年ごとにその適格性を審査され、不適格と認定されると裁判官として再任されない。最高裁の臨時裁判官会議は、宮本を不適格とし再任を拒否した。宮本は、再任拒否の理由を開示するよう最高裁に出向いたものの、その約4ヵ月前に人事局長に抜擢された矢口洪一は、青法協会員であることだけが理由ではない。人事の秘密に属するため、それ以上は言えないと語るのみだった。

のちになって法曹界の重鎮で東大名誉教授だった我妻栄から、矢口は、再任拒否について聞かれた時のことを述懐している。

「我妻さんに、『無理矢理やらされて、心ならずもやったのか』と言われても、何とか言えるはずないじゃないですか。再任問題というのは、そういうものです」

ここで留意しておくべきは、「宮本判事補の再任拒否事件」が起こる約1年半前、「平賀書簡問題」で国会が紛糾した時の最高裁答弁だ。

答弁に立ったのは、民事局長兼行政局長だった矢口で、野党議員の質問を巧みに裁いてみせた。弁護士出身で、うるさ型で知られた社会党の畑和《はたやわら》議員も矢口の敵ではなく、衆議院法務委員会で意気込んで質問したものの、すっかり丸め込まれこう述べていた。

「札幌地裁における裁判官会議の紆余曲折の模様がわかりました。そこで、裁判官会議のあり方というような問題が若干問題を含んでおると思いますけれども、結局この平賀書簡の公表をすべきかどうかというような問題等についても、それがまだきまってないうちに新聞、マスコミ等に載せられたというような問題があるように思われます」

書簡の内容ではなく、書簡を外部流出させたことに問題があったかのように論点をすり替えた説明が功を奏し、畑は、最高裁を追及する姿勢から理解を示す姿勢に転じていたのである。

これには最高裁の幹部たちも「良くやった」と矢口への評価を高めた。

裁判干渉の決定的証拠として、世論を沸騰させた平賀書簡問題以上に難しい国会対応が求められるのが、書簡を外部流出させたと思われる人物を裁判所から追放する再任拒否問題だった。

これをどう乗り切るか。最高裁は頭を悩ました末、この問題をうまく裁ける人物として、矢口を人事局長に抜擢したのである。局長から局長への異動は行わないとの慣習を破っての異例の人事だった。その年の暮れも押し迫った12月30日付で発令された人事について、矢口は語っている。

「私が人事局長になるとは、思ってもみないことでした。……私を人事局長にしたのは、ナイキ基地訴訟等の実績で、『あれに任せれば、ちゃんとやるだろう』ということでしょう。もちろん、一部の人たちは反対だったようです。結局、ほかの人と較べてみて、自分で自分のことを言うのは変ですけれども、ズバ抜けていたということでしょう」

反対したのは前任の矢崎憲正人事局長だったが、事務総長の吉田豊が「矢口にする」と言い、石田長官が「総長が使うんだから、総長の言う通りにしようじゃないか」と決まった人事だった。

「宮本判事補再任拒否事件」は、矢口の人生をも大きく変えていたのである。

第七章　ブルーパージが裁判所を変えた

「ブルーパージ」の嵐

「平賀書簡問題」と「宮本判事補再任拒否事件」の影響は長く尾を引き、多くの裁判官にトラウマを残したが、第15代最高裁長官に就任した町田顯も苦い記憶を抱え続けたひとりだった。事件から33年が経った２００４年10月18日、町田長官は、あらたに裁判官として採用された新人判事補への辞令交付式でこう述べた。

「上級審の動向や裁判長の顔色ばかりうかがう『ヒラメ裁判官』がいると言われる。私はそんな人はいないと思うが、少なくとも全く歓迎していない」

皮肉なことに、これは町田長官に対する批判でしばしば使われる言葉だった。町田が、東京高等裁判所の裁判長として、日本弁護士連合会の「弁護士懲戒委員会」の委員を務めていた時のことだ。同じ委員だった法曹関係者にこうこぼしていた。

「僕は、高裁長官にはなれないのかねえ」

当の法曹関係者は、その時の驚きをいまも鮮明に覚えている。

「あれは、委員会が終わってやれやれと、町田さんと無駄話をしながら歩いていた時です。ポツリと、本人の口から飛び出したので非常にびっくりした。そんなこと、気にしたってしょうがないじゃないですか。お声がかかる時はかかるし、かからないなら仕方がない。割り切ることですよと話したことがあります」

のちに最高裁長官にまで登り詰めた町田が、これほどまでに上司の評価に気を揉んでいたのは、若い頃、青年法律家協会裁判官部会の会員だったことに起因する。すでに脱会して四半世紀もの時間が経っていたが、過去の会員歴が重荷となっていたのは、当時はまだ、青法協への「人事差別」が燻っていたからである。その町田と「宮本判事補再任拒否事件」の当事者である宮本康昭は、司法修習13期の同期生であり、ともに青法協のアクティブメンバーだった。

1969年当時、最高裁事務総局の局付判事補だった町田と、東京地裁刑事部勤務だった宮本は、同じ松戸市内の宿舎からよく一緒の電車に乗り合わせ出勤することがあった。

ある日の出勤途上のことだった。揺れる電車の中で、町田は宮本にこう話しかけた。どうも情勢が厳しい。我々はこの際、青法協から離れて別の団体を作ったらどうか。誰か著名な裁判官を代表に立てて、裁判官だけの独立した別組織にしたらどうだろうか。

ほぼ即座に宮本は、それはできないと述べている。青法協の組織から離れて別の団体を作るとなると、性格がきっと変わってしまう。これまでのように憲法と民主主義を守る立場を掲げ活動を維持することは不可能になるだろう。そう言うと、町田は黙り込んでしまった。

この時期、最高裁は、最高裁事務総局に勤務する15人の若手判事補たちのうち、青法協会員の10人に対し脱会するよう働きかけていた。「局付判事補」と呼ばれる彼らはエリートコースに乗った俊英で、それぞれの上司から政府との関係で非常にまずいので、予算編成の期間だけでも青法協を抜けてくれと泣きつかれたり、脱会は業務命令だと凄まれたりしていた。

実際、脱会を説得された元裁判官のひとりは、こんなふうに地裁の所長から詰め寄られたと語った。

「将来、高裁長官や最高裁判事をやってもらわなきゃならんのに、青法協と一緒になって日本の司法を左傾化させていいのか。そんなことをして、日本の国家権力はどうなるんだ。君はそれでもいいのか。裁判所の屋上に赤旗を立てるつもりか……」

青法協裁判官部会の世話人のひとりだった宮本康昭は、連日、他のメンバーと手分けして局付判事補一人ひとりと会っては、脱会工作の状況を聞き取る一方、何とか踏みとどまるよう説得して回っていた。しかしその甲斐なく１９７０年1月12日、青法協裁判官部会の総会が開かれた翌日、10人の局付判事補全員が郵送で脱退届を提出したのである。

町田もそのひとりだった。

町田は脱会にあたり、「なぜ、青法協を辞めるのか」という趣旨の退会理由書を最高裁に提出していた。「われわれはなぜ、青法協に入るのか」という文書で新人判事補を勧誘していた町田が提出した退会理由書を、人事局長の矢口洪一はいたく評価し、その後の町田の道は開けたと言われている。

彼ら「局付判事補」のいっせい脱会が、一種の号砲となって青法協会員裁判官への全国規模での人事差別がはじまり、ブルーパージの嵐が裁判所内で吹き荒れることになったのである。

最盛期３５０人いた会員裁判官は3年後に２００人にまで減少し、さらに10年後には青法協裁判官部会は、ついに消滅することになった。

ブルーパージによって人生を翻弄され、再任拒否となった宮本康昭は、80歳を過ぎたいまも東京立川市で弁護士活動を続けている。静かな口調ながら芯の強さを感じさせる声で、宮本は言った。

「われわれの仲間の分析では、当時、青法協のなかから再任拒否があるとしたら、守屋克彦さんが一番で、私が二番、あとは順不同ということだったんですよ。何と言うかな、時代と社会状況のなかで最高裁が攻めてきて、その対象に私が当たってしまった。ですから、再任拒否についでは妻も比較的冷静に受け止めていたと思います」

当時、札幌地裁室蘭支部の裁判官だった守屋克彦もまた、青法協のアクティブメンバーで、二人は平賀書簡を受け取った札幌地裁の福島重雄裁判長とは親密な関係にあった。それゆえ、書簡を外部流出させた犯人と疑われ、再任拒否の候補者となっていたのである。

守屋は、司法試験の合格年次が福島と同じだったが、病気のため司法研修所の修了が2年遅れている。東京地裁に勤務となった時、福島と再会。青法協の機関誌「篝火《かがりび》」の編集長だった福島を手伝っている。

宮本の方は、新潟地裁長岡支部で、福島と一緒に合議体を組んだ関係にあった。同地裁の柏崎支部長だった福島は、週に一度、「塡補裁判官」として長岡支部に応援に来ていて、宮本が左陪席、福島が右陪席を務めた。相陪席として一緒に仕事をしたことで信頼関係を築いていたからこそ、福島は平賀書簡を受け取った際、書簡を公表すべきかどうかを宮本に相談し、宮本は「これはこのままにしてはいけない。〈公表すべきだ〉」という手紙を書き送っていたのである。

実直で一本気な性格の福島は、計算高い人なら胸のなかに仕舞って置くような考えを、つい、口にするところがあった。平賀書簡問題では、無防備にも守屋君と宮本君が、自分を支持してくれていると周囲の裁判官などに語っていたのである。それを聞いた人は、ああ、あそこから漏れているんだなと受け取ることとなった。

再任拒否の衝撃

社会を騒然とさせた平賀書簡問題から約1年半後、宮本たち13期の裁判官64人は10年目の任期を迎えている。

裁判官は絶対的な身分保障がある一方、10年ごとにその適格性が審査され、不適格とされれば再任されず裁判官の身分を失う。その任期満了の3日前、最高裁から内閣に提出された「再任名簿」に守屋の名前は掲載されていたが、宮本の名前はなかった。政府は、最高裁の決定を尊重するとして、提出された名簿通り再任者を閣議決定した。同期のなかでただひとり、宮本だけが再任拒否となり、裁判官の身分を失うことになったのである。

再任拒否の筆頭格だった守屋が裁判官の身分を失わなかったのは、身近に庇ってくれる人がいて、「裁判所にとって必要な人材だから」と最高裁事務総局の矢崎憲正事務次長に掛け合ってくれたからだ。その仲介によって、当時、東京家庭裁判所に勤務していた守屋の上司である市川四郎所長を介し、最高裁に上申書を提出すれば検討してもらえることになったのである。

当初、守屋は、所長から上申書を書くよう求められていないので、自分の考えを伝える方法がないと渋ったが、それなら自分から申し出て上申書を書けばいいではないかと説得され、おおむね次のような弁明書を提出したという。自分が勧誘して青法協に加入させた裁判官に脱会を勧め、それが済んだら自分自身も脱会する――。

再任拒否という不利益処分を科すにあたり、本人の言い分が記された書面が提出されれば、最高裁裁判官会議も検討資料として扱わなければならなかったということだろう。

守屋は再任拒否を免れた。しかしその後、書面での約束事項を反故にし、青法協を退会することはなかった。恐らくは、守屋に替わって再任拒否となった宮本への責任を強く感じ、青法協に留まることにしたのだろう。

宮本も、東京地裁の西村法裁判長が心配してくれ、「おれが仲立ちをするから最高裁に釈明に行ったらどうか」と勧められていたが応じなかった。書簡を外部に流していないのに釈明に行くのは変だと考えたからだ。

宮本の再任拒否は、法曹関係者だけでなく多くの国民に衝撃を与え、裁判所の歴史に消えない汚点を残すとともに、宮本に特別の責務を背負わせた。

「人事の秘密」として、理由を告げられることなく裁判所を追われた宮本は、以来、司法行政の改革を終生のテーマとし、この日から約30年後、司法制度改革の一環として最高裁が設けた裁判官任用制度改革のための「一般規則制定諮問委員会」に、弁護士会推薦の委員として就任。それまで最高裁事務総局の専権事項であった裁判官の任用や不採用の権限を、「下級裁判所裁判官指名諮問委員会」に担わせる仕組み作りに尽力し、その透明化に寄与している。

裁判所以外から、学者やジャーナリストなどが加わって構成される「下級裁判所裁判官指名諮問委員会」と、その下部組織である「地域委員会」が適任とした裁判官を、最高裁が任用名簿に載せるのを拒否した場合、その理由を開示することも義務づけた。おかげで、裁判官の身分保障は絶対的と言っていいほど安定した。その恩恵に浴している若手裁判官はこう言った。

「指名諮問委員会のおかげで、自分が信じた判決を書いてもパージされにくくなった。よほど変な判決を書かない限り、再任拒否にならないという安心感は大きいですよ。上司である裁判長の顔色をうかがわなくて済みますから」

裁判官の身分を奪われたのち、宮本は努めて自制的であろうとした。何らかの理由で自分がこの役割を担うことになったのであり、悲嘆に暮れることなく、最高裁とどう対峙していくか。その姿勢が、いずれ審判される日のくる事件なのだと確信していたからだ。

再任拒否にあったものの、宮本にはまだ簡易裁判所判事の任期が残っていた。裁判官は任官3年目で、日常の軽微な事件を担当する簡裁判事を兼務することになっていて、ふたつの官職を区別して「本官」と「兼官」と呼んでいる。本官の任期を終了すれば兼官も退くことになるが、兼官の任期終了の場合は本官の身分はそのまま残ることになる。本官と兼官の辞令は、地裁と簡裁の予算の執行状況に応じて柔軟に発令されている。地裁の予算に余裕があれば、地裁の裁判官を本官とし、簡裁の予算に余裕があれば、簡裁判事を本官とするといった具合だ。

宮本の場合、たまたま簡裁判事が本官だったため、裁判官の身分を失っても簡裁判事の任期が3年残っていたのである。そのため、弁護士への転身を図るのではなく、簡裁判事として引き続き裁判所に残ることにした。翌年以降も、理由不明の再任拒否者を出さないため、歯止めになろうとしたのである。

しかしその途端に、最高裁から嫌がらせを受けることになった。

「裁判所の官舎に入っていたのですが、最高裁からのお達しで空けろと言ってきた。仕方ないので、どこか落ち着き先を探そうと思っていたら、私が入っていたのは簡裁判事の官舎だったんです。だから出なくて済んだわけですが、要するに、再任拒否したのに余計者がいるということで、お役所の論理で追い出しにかかったんでしょう」

平賀書簡、流出の真相

不当な扱いに憤懣を覚えながら、これも自分が背負うべき責務なのだと宮本は覚悟を決めた。その後、2年にわたり再任拒否がでなかったので、歯止めになるという当初の目的はほぼ達することができた。あとは弁護士として、市民の立場から最高裁の姿勢を正していこうと、任期を1年残して辞表を提出した。

ところが今度は、弁護士登録に必要な経歴保証書を最高裁は発行してくれなかった。何度、弁護士会が請求しても発行してくれないので、日弁連が、宮本についてはもう保証書なしで登録を認めるとなり、5月に入ってようやく弁護士登録ができたという。

「3月末で簡裁判事を辞めてからは、退職金と共済年金を一時金でもらったお金で食いつないでいた」と宮本は語り、こう言い添えた。

「いま振り返ってみれば、あの時、裁判所に残った人のほうが大変でしたよね。ずうっと長い間、人事上の差別を受け続けましたから。公平に見て、彼らのほうが大変だったと思いますね」

宮本とともに最高裁から目の敵にされていた守屋は、怖れていた再任拒否にはならなかったものの、その後は仙台高裁管内から一歩も出ることはなかった。中央から遠ざけられ、東北地方に塩漬けにされたまま、平賀書簡事件から30年後の1999年9月、仙台高裁秋田支部長を最後に定年退官した。

仙台市郊外の自宅の居間で、守屋はこう振り返った。

「われわれは、戦後の法律家として、新憲法のもとで新しい司法をつくっていくという気概を持っていましたから。これは若さと言ってもいいんだけど、それが色んな形で出たんですよ。平賀さんの書簡は、問題であることに間違いないんで、とんでもないことだという義憤があった。裁判官会議を開いて地裁の裁判官全員で、上司に刃向かったというのは、日本の司法のなかでかつてなかったことですよ。当時、私は34歳でしたかね。福島さんは39歳で、みんな若かったんですよ。若いからやれたわけですが、まさか再任拒否までいくとは想像もしていなかった」

血気にはやった若い正義感が、パンドラの箱を開けてしまったわけである。守屋は自らに言い聞かせるようにつぶやいた。

「その後、冷や飯食わされたと言ってもね、しょうがないじゃないですか。平賀書簡を公にしたことで、どういう裁判官が国民にとって望ましいのかを考える切っ掛けになった。切っ掛けを残したわけですから」

多くの裁判官の人生を翻弄させるという運命を背負うことになった福島重雄もまた、中央から遠ざけられ、59歳で福井家裁の裁判官を最後に依願退官した。その後は、出身地の富山市で公証人を務めたあと、いまも弁護士としてほぼ毎日のように事務所に出ている。ただ、弁護士活動は顧問先の仕事をする程度で、高校生のころから続けているロシア語の勉強を、ひとり静かな事務所でおこなうのが日課だ。

富山地裁近くの事務所で、一徹な性格そのまま書簡流出の経緯を語った。

「いろいろ考えた挙げ句、かなり早い段階で新聞社に渡したんです。これを放置したんじゃ、いずれまた、同じような裁判干渉が起こる。裁判所の中だけで問題にしても、結局、もみ消されてしまうのは目に見えていた。まずは、公表しないと戦えない。守屋君と相談して世論を喚起しようと話をしたあと、どこに送りますかと言うから、北海道新聞ぐらい送ったらどう、と言った。それで道新に送ったんだと思う。ほぼ同じ時期に、東京地裁勤務の青法協の裁判官にも送っている。そこから宮本君のところにいったのか、守屋君が宮本君に送ったのか、そこのところはちょっとわからないですね」

一呼吸置いて、福島は続けた。

「だけど、道新の記者は、裁判所の所長が、裁判干渉になるような書簡を出すなんて信じられないと言って動かない。それで1週間ぐらいたって、それじゃということで東京のマスコミにも送っている。しかし彼らもまた、この書簡が本物かどうかわからない。ガセネタを摑まされて、踊らされたんじゃかなわないと言って動かない。なかには、平賀所長の署名の入った判決文のコピーを取り寄せて筆跡鑑定をやった新聞社もあったようだが、なかなか記事にはならなかった」

ここで少し話はわき道に逸れるが、福島はかつて、平賀書簡の流出経緯についての発言をたしなめられたことがある。日本評論社が主催した座談会に宮本、守屋らと出席した時のことだ。座談会に入る前、福島は、書簡は俺が全部流したことにしようかと言い出した。これに対し宮本は、それは事実ではないのだから、そういう発言をしないよう求めたのである。

宮本によれば、「福島さんは、平賀書簡を外部に流出させた張本人として、守屋さんだとか私が疑われ、迷惑したということをかなり苦にしていて、自分が流したんだとひっかぶろうとしたんですね。しかし実際は、福島さん自身、誰が、在京のマスコミに持ち込んだかわからないんです。彼も知らない、わたしも知らないところから流れてるのが、本当のところです」

そもそも書簡は、三大紙には持ち込まれていない。

『週刊朝日』編集部に届けられた書簡をもとに、「朝日新聞」の記者は動いていたのである。また、一番動きの早かった共同通信へは、青法協の理論的支柱であった東大社会科学研究所の潮見俊隆教授に渡った書簡が、提供されたと言われている。いずれにしろ、早くから「平賀書簡」を入手していた朝日や共同が、その重い腰を上げたのは、札幌地裁で裁判官会議が開催されるとの情報を得たからだ。その会議で、「平賀書簡」問題が取り上げられるのを知って、自分たちの手許にある書簡が本物との確信を得たのである。

苛立ちをにじませながら、福島は語った。

「僕も、その後、冷や飯食わされますわね。しかし冷や飯食わされるのは嫌だから、出世コースから外れないために、もみ消しを認めるんですか。もみ消されたほうがいいですか」

結果論だが、この誠実さと使命感の代償は、あまりにも高くついた。

「あれ以来、青法協の裁判官は次々と裁判所を追い出されてしまい、いまは、クビを切るなら切れという気概のある裁判官は少なくなった。政府の方針が間違っていても逆らわない。骨抜きにされちゃったということなんでしょう」

そう言うと、自嘲気味につぶやいた。

「僕はね、裁判官の俸給表でいうところの4号に据え置かれたままで、退官する日にようやく2号にあがった。退官を決めたのも、たまたま出身地の富山に公証人の口が空いたというので、その斡旋を受け入れたわけですが、要するに、体よく追い払われたということなんですよ……」

自衛隊は憲法9条によって保持を禁じられている戦力に該当するとして、福島が違憲判断を下した「長沼ナイキ基地訴訟」は、最終的に1982年9月、最高裁が国側の主張を認め、住民側の訴えを棄却したことで決着した。裁判中も、ナイキ基地の建設が進められ、すでに実戦配備を完了したあとだった。その後、防空火力の近代化、高性能化が進むなか、いまでは長沼ナイキ基地でのミサイル運用は終了している。

現代への巨大な影響

石田長官から「ブルーパージ」を引き継いだ第11代最高裁長官の矢口洪一は、1999年11月、「宮本判事補再任拒否事件」をきっかけに生まれた「全国裁判官懇話会」で講演をおこなっている。約30年という時間の経過が、両者の感情的対立を幾分か癒やしてくれたのだろう。一種の「和解講演」であった。

強烈な個性の持ち主の矢口は、しかしここでも、聞きようによっては「ブルーパージ」を正当化する発言をおこなっていた。

「国を保っておくことにおいて積極的な作用をなすものは、立法であり、行政でありまして、司法は積極的な助長行政をやるという性質のものではありません。これは当たり前のことです。司法が勝手に走り出したら、それこそ大変なことになります。あくまで司法は、最小限のコントロール機関であるということになると思います」

ある程度は国の政策を牽制してもいいが、やりすぎると日本の運営がおかしくなる。裁判官も、国から給料をもらって仕事をする国の役人である以上、司法行政による裁判官の統制が必要と言外に言っているのである。

元裁判官はこう語った。

「やっぱり、福島重雄さんのその後の裁判官人生を見ていると、誰しも最高裁の方針には逆らわないほうがいいと思いますよ。あれだけ能力のある人が、ずっと家庭裁判所に据え置かれましたからね。家裁を低く見るわけではないけれど、もっと活躍の場が与えられてもよかったと思います」

「ブルーパージ」は、いまや過去の遺物となった。しかし直接的な効果以上に、多くの裁判官を心理的な意味で支配した、その影響はいまに引き継がれている。だからこそ、既存の枠組みを越えることに躊躇し、国策の是非を公正かつ公平に審理する裁判官が少なくなったのであろう。

「平賀書簡問題」や「宮本判事補再任拒否事件」など、司法の危機と言われた時代に剛腕を振るった石田長官は、70歳の定年退官を前に記者会見にのぞみ、「採点すれば、まあ百点に近い」と長官時代を振り返ったのち、「最後の仕上げもしておきました」と上機嫌で語っている。

タカ派長官として、政治と「連携した司法」を主導した石田にとっての「最後の仕上げ」は、前最高裁事務総長で大阪高裁長官の吉田豊を、最高裁判事に押し込んだことだった。政府原案では、前法務省事務次官の津田実をあてることになっていたが、石田長官が強硬に反対し、その退任の前日、津田の内定が取り消され、吉田の最高裁判事就任が正式決定されたのである。

当初、田中角栄首相は、石田長官が反対しても、あくまで自らの人事案に基づき津田を起用する考えだった。それを諦めざるをえなかったのは、石田の後任予定だった村上朝一最高裁判事が、首相からの長官就任要請に対し「重要なことがらなので一両日考えさせてほしい」と回答を保留したことだった。当時の事情を良く知る元最高裁判事によれば、村上が首相官邸に赴く前、石田長官は、政府があくまで津田を押すようなら長官を断ってこいと指示していたのである。

首相官邸から最高裁にもどった村上は、「長身を前かがみにし、なぜか、呼吸が乱れ、手が小刻みにふるえ、顔に脂汗がにじみ、緊張した顔つき」だったという。

「朝日新聞」の連載記事「新聞と9条」によれば、この直後、元警察庁長官で田中内閣の官房副長官だった後藤田正晴から、最高裁の矢口洪一人事局長に電話が入り、次のようなやり取りがあったと記している。

「『最高裁が内閣人事に口を挟むのなら、村上の長官も白紙に戻す』。『カミソリ』と呼ばれた後藤田は激怒していた。すごむ後藤田に矢口は『あくまで〈希望〉です』と食い下がった。後藤田は『ちょっと時間をくれ』といったん通話を切り、数分後、再び電話して『矢口君、内閣は最高裁の〈希望〉をいれることにする。それでいいなっ』とだけ言うと、ガチャンと受話器をたたきつけた」

最高裁と政府の「連携」を尊重してきた石田が、これほどまでに津田の最高裁入りを嫌ったのは、14年前の「津田改定案」に起因していた。

津田は、もともと裁判官出身だが法務省への出向が長く、同省大臣官房司法法制調査部長の時、検察官の給与を引き上げ、裁判官と同額にする改定案をまとめている。

戦後の司法制度によって、裁判官の法廷内の地位は検事、弁護士より一段上位に位置づけられ、給与についても検察官よりワンランク上の「報酬俸給表」が適用されてきた。それを検事と同額にすることは、裁判官の地位を引き下げることになる、と反対の口火を切ったのが、当時、東京地方裁判所所長だった石田和外である。石田は、「毎日新聞」の取材を受けた際こう語っている。

「裁判所が弱くっちゃ、いくら憲法が国民の自由な権利を保障していても実現できない。報酬は一つの地位の評価だ。三権分立の一本の柱が細くなるのを黙って見ているわけにはいかない。若い判事諸君が体を張ってもと反対するのは当然のことだし、わたしはその代弁者だ」

さらに、衆議院法務委員会の懇談会に出かけて行っては、こうも息巻いた。

「とくに名前までは申し上げませんが、法務省側を代表するある方が、裁判所側を代表するある者を前に置いて、……『検事がそれでは治らない』ということを言ったということを、これは私はそれを聞いた人から直接聞いたのでございますから、嘘ではないと思います」「『検事がそれでは治らない』ということは果してなにを意味するものでありましょうか。……私は、それを聞いた方としては『その一言は捨てておけない』といって、その官僚を直ちに罷免するだけの私は見識をもっていただきたいと思うのであります。もしさようなことが出来ず、『検事が治らない』ということに威圧を感じてそのまま重要な法案、ことに私どもに取りましては先刻も申し上げましたように司法制度の根本に通ずるような重大問題がゆがめられて政府原案が作成されるというようなことになることに想いをいたしますときに、これは非常に恐るべきものを私どもはひしひしと感ずる次第でございます」

石田には、出身母体の権益を守ろうとせず、出向先の法務省の意向に従った津田への不信があった。その津田が、最高裁入りすれば、何かにつけ法務省の思惑が浸透するようになり、裁判所が弱体化されると反発を強めたのである。

これは執念に基づくかつての怒りのぶり返しというよりは、最高裁の心情に無理解な政府に対し、その無神経さと傲慢さへの抗議の意思を表明し、関係の見直しを迫った長官としての「最後の仕上げ」だった。

第八章　死刑を宣告した人々

ＧＨＱが容認した死刑制度

戦後、占領下にあった日本では、憲法改正やそれに伴う法律の制定、改正にあたっては連合国軍最高司令官総司令部（ＧＨＱ）の審査と承認を得なければならなかった。

なかでも裁判所法、民法、民事訴訟法、刑法、刑事訴訟法などの法案審査は、ＧＨＱ政治部の法制司法課長だったドイツ系アメリカ人、アルフレッド・オプラーがその責任者を務めた。ナチスの迫害を逃れてアメリカに亡命するまで、ドイツの最高行政裁判所で裁判官を務めていたオプラーだったが、亡命当初は希望した職に就けず、語学学校ベルリッツでドイツ語教師をしながら糊口を凌いでいた時期もあった。しかし第二次大戦がはじまるとハーバード大学でドイツの行政事務などの研究に従事したのち、終戦後は東京に派遣され、ＧＨＱ民政局の配属となった。

「先日まで合衆国とまさしく戦争状態にあったドイツ国民であり、ドイツ語訛のアクセントで話す新米のアメリカ人」だったが、オプラーのずば抜けた頭脳が法制司法課長へと抜擢させたのである。この人事に誰よりも驚いたのは、オプラー自身だったと『日本占領と法制改革』のなかで述べている。

「私は日本でどんな仕事をすることになるのかまだ知らなかったし、ドイツでの法曹経験が、私を日本法を理解する適格者たらしめたとは微塵も考えなかった。日本法は大陸法系、とりわけドイツ法系に属していて、後になって知りえたのであるが、私の日本への配属は、東京司令部が国防省に対して、欧州大陸の、できればドイツの裁判経験のある人物を要求した結果であったのである」

オプラーのもとには、「日本の全法律体系に影響を及ぼすことができる、これほど魅力的なチャンスはめったにない」と考えるGHQの若い法律家が集い、「日頃携わっている法律実務の仕事ではなく、より高いレベルでの政策決定」に従事したことで、大陸法と英米法を組み合わせた日本の法体系が整備されていったのである。

ドイツ時代のオプラーは、「死刑の廃止を求めるドイツの法律家による公の請願に参加」するなど、死刑制度に反対の立場を貫いてきた。だが日本での憲法改正作業においては、死刑制度の温存を求める政府に異議を唱えなかった。その理由をオプラーは述べている。

「日本人の圧倒的大多数が未だ死刑の抑止効果を信じていたし、彼等の一部は死刑を被害者又はその関係者の報復的満足のために必要であると看做しているという結論に到達したがゆえである。……それで私は死刑廃止の改革に対する個人的見解に基づいた圧力をかける権限はないと思っていた」

信条に反して憲法31条で死刑制度を認める一方、同36条ではオプラーの理念が反映されてか、残虐な刑罰は許されないという相矛盾する条文が記載されることになった。

オプラーが死刑制度を黙認して間もない１９４８年３月、最高裁大法廷は、実母と実妹を殺害した死刑囚（犯行時19歳）の上告審で死刑を確定させた。死刑は、憲法が禁止している「残虐な刑罰」に当たらないと判示したのである。「残虐な刑罰」とは、「火あぶり、はりつけ、さらし首、釜ゆで」であって、絞首刑はそれには含まれないというものだった。

ただ、15名の大法廷判事のうち、４名は補充意見で「国家の文化が高度に発達して……公共の福祉のために死刑の威嚇による犯罪の防止を必要と感じない時代に達したならば、死刑もまた残虐な刑罰として国民感情により否定されるにちがいない」と述べた。

オプラーはこの補充意見に大いに希望を見出し、「死刑の廃止に向かっている」と予見したが、しかしすでに70年以上の時間が経ってもなお、死刑制度はいまも維持され、廃止に向かう動きにはない。

死刑判決を下した裁判官たち

パチンコ店にガソリンをまいて放火し5人を殺害、10人に重軽傷を負わせた「大阪此花区パチンコ店放火殺人事件」の裁判員裁判でも、２０１１年10月31日、大阪地裁は死刑を言い渡した。

この裁判では、被告人の犯行時の精神状態とともに、絞首刑が「残虐な刑罰」にあたるかどうかが争われた。

同地裁は「死刑に処せられる者は、それに値する罪を犯した者である。執行に伴う多少の精神的・肉体的苦痛は当然甘受すべきである」「確かに、絞首刑には、前近代的なところがあり、死亡するまでの経過において予測不可能な点がある。しかし、だからといって、……残虐な刑罰に当たるとはいえず、憲法36条に反するものではない」としたのである。

同裁判の証人として、死刑の残虐性を証言した元検察官で筑波大学名誉教授の土本武司は、「絞首刑が惨《ムゴタ》らしいとはいえないとは実態を知らな過ぎる指摘というほかない」と述べている。裁判官と違って、検察官は死刑執行に立ち会う義務があり、土本は死刑執行に立ち会った時の衝撃を『判例時報』にこう記した。

「つい十数分前まで自分の足で歩いていた人間が、両手・両足を縛られ、顔は覆面をさせられ、刑務官のハンドル操作により踏板が開落するや地下部分に宙吊りになり、首を基点にして身体がゆらゆらと揺れる。その際、血を吐いたり失禁をしたりし、やがてその宙吊り状態のまで、死の断末魔のけいれん状態を呈する――それはまさに見るに耐えないものであり、人間の尊厳を害することこれに過ぐるものはないということを痛感させられるシーンである」

元裁判官で弁護士の村重慶一もまた、福岡地検に検事として出向していた時、福岡拘置所で死刑執行に立ち会ったことがある。

「受刑者は二名であったが、壇上で『皆さまお世話になりました』とか、『私の罪をお許しください』という声がしたかと思うと、ぱたんという音とともに、絞首された受刑者が眼前にぶら下り、胸が二、三回ふくらんでぶらりぶらりと揺れている。眼前で死の断末魔のけいれん状態が続いた。それを見ていると、罪を憎んで人を憎まずというが、何ともいえない物悲しく、哀れな心境になる。わたくしは顔面そう白、気分が悪くなって傍の友人に支えられる始末であった」

抽象的に理解していることと、実際に体験することとは違うが、裁判官もまた、究極の刑罰である死刑を選択する時は、息が詰まるほど悩みに悩み抜くという。

そんな刑事裁判官たちが、一様に問題視しているのがジャーナリスト池上彰の過去の発言だ。複雑な社会現象や難解な政治問題をわかりやすく整理し、平易な言葉で解説する池上は、視聴者や読者から高い支持を得ている。しかしその解説のひとつが、彼らの神経を逆なでしたことがあったのである。

2010年12月5日放送のバラエティ番組「池上彰の世界を見に行く！」は、1年の「10大ニュース！」のひとつに、裁判員裁判での「初の死刑判決」を取り上げた。市民が裁判に参加する裁判員裁判がスタートして1年半。極刑である死刑判決に、はじめて裁判員が関わったとして話題になったニュースをランクインさせた理由について、池上は語っている。

「(判決後) 裁判所が、控訴することができますと被告に教えるんですよ。これはいつもやってることなんですよね。今回はですね、(裁判長が被告に) 控訴を勧めますと言ったんですね。つまり、一審で死刑判決を言い渡したんだけれども、それに自信がないんじゃないかと、思わせる判決だった」

日本の裁判は三審制のため、一審の地裁判決に不満があれば上級審の高裁に控訴でき、さらに最高裁に上告できる仕組みになっている。この制度説明とともに池上はこう続けた。

「裁判長が控訴を勧めますということは、わたしの判決に自信がありません、と言ってることでしょう。プロとして、これは本来言うべきことではないですよね」

横浜地裁の3人の職業裁判官と、一般市民から選任された6人の裁判員が下したこの死刑判決は、元暴力団員のA被告（32歳）に対するものだった。マージャン店の経営権をめぐるトラブルから、A被告は、同店の経営者と会社員の男性の2人を冷酷な手口で殺害していた。

判決文は、命ごいをする被害者の首を、生きたまま電動ノコギリで切断するなど「想像しうる殺害方法で最も残虐で、被害者の恐怖や肉体的苦痛は想像を絶する」と断罪している。その判決言い渡しのあと、裁判長は「いかなる刑にも服すると言っていたが、裁判所としては控訴することを勧める」と付け加えていたのである。

市民である裁判員にとって、いくら合議を尽くした結果とはいえ、人の命を奪うことへの悩みと苦しみは尽きない。しかしそれ以上に、死刑判決を起案する裁判官は、人が人を裁くことのいい知れない重責を背負い続けなければならないのである。

ある刑事裁判官は、静かな口調ながら、不快の念を滲ませ語った。

「そもそも自信がなくて、死刑判決など書けるものではない。裁判官にしろ、裁判員にしろ、みんな夜も眠らず考えに考えた末の、ギリギリの判断によって死刑を選択しているのです。また裁判長が控訴を親身になって勧めるというのは、よくあること。ギリギリまで思い悩んだ末に、やはり究極の刑を選択せざるをえないと決断しながら、なお裁判長が上訴審での判断を求めるよう勧めるのは、高裁の裁判長のもとでいま一度、審理してもらうことで救うことのできる何らかの事情を見いだせるかもしれないと思うからなんです。この人は何も分かっていないなと腹が立った」

　一度でも死刑を宣告したことのある裁判官にとって、その法廷と判決朗読の時間は、記憶から消えることはない。

「同じ死刑判決であっても、死刑か無期かで悩むのと、死刑か無罪かで悩むのでは大きな違いがある。死刑か無期かは、量刑の判断ですからまだ比較的楽なんです。しかし死刑か無罪かは、天国か地獄でしょう。そういう事件ってあるんですよ」

　元裁判官の小林克美は、大阪地裁堺支部の裁判官時代、犯行を否認している被告人に死刑を言い渡したことがある。状況証拠から言えば99・5％犯人だが、残り0・5％は違う可能性もあると悩んだ末の判決だった。

　事件は、宝石商の夫婦二人が殺害され宝石が盗まれたというもので、被告人は、自分が家を訪ねたところすでに二人は殺されていた。それで宝石だけを盗んで質屋に入れただけだと弁明して、殺人に関しては否認を貫いたのである。被害者の二人は何の落ち度もないうえ、殺され方も包丁でめった刺しにするという残忍なものだった。

　殺人を認めれば迷わず死刑判決が下せる事件であったと、小林は続けた。

「前科もあり、嫁さんを青線で働かせてその金で遊んできたような被告人ですから、弁明はウソだと思ったんだけれど、窃盗だけの可能性がまったくないわけじゃない。それで、本当にやってない人間の言い分なのかどうかを見極めようと、何十回となく法廷で被告人の顔を睨みつけたものです。やってないなら、やってないんだ。助けてくれという訴えがあってしかるべきなのに、いっさい目を合わせない。あやしい事件って、そんなんですよ。『いままでいい加減に生きてきたけれど、これだけはやってないんだ』と必死で訴えるオーラがなかった。それが心証形成に作用したということですね」

その事件が最高裁でも死刑を支持されて刑が執行された後、裁判官、検察官、弁護士で構成する法曹協議会の懇親会の二次会で、被告人の一審の国選弁護人だった弁護士から、殺人を認めれば無期で済むか、死刑は避けられるかとの相談を被告人から受けたことがあったと聞かされ、ようやく自身の判断に間違いがなかったと安堵することができた。それまでは自身の下した判断について、あれでよかったのかと常に心に引っかかっていたという。

巨大な精神的負担

死刑判決を起案する過程で精神に変調をきたす裁判官もいる。

「司法修習を終え、任官した直後の裁判官でした。5人が死亡した放火殺人事件を担当させられ、ストレスから盗撮に走り、挙げ句、逮捕されてしまった。盗撮をはじめた時期と事件を担当した時期とが重なっていたので、ストレスからの異常行動だったとして同期の裁判官たちは同情し、職場復帰するよう励ましていた。しかし新聞等で大きく報じられたこともあって、弾劾裁判所にかけられ、法曹資格まで剝奪されてしまった」（裁判所関係者）

死刑判決の重みは、それを担当した者にしかわからない。

元裁判官のひとりも、死刑を宣告する日は朝から極度に神経が張り詰め、法廷に入るドアノブに手をかけた時は、できることなら逃げ出しもしたかったと語った。

「法廷に入ると、頭を丸坊主にし、緊張で顔面蒼白となった被告人が、まず、目に飛び込んでくる。その背後の傍聴席の片隅には被害者の遺族が怒りも露に座っている。もう一方の片隅には、被告の奥さんが申し訳なさそうに身を縮めている。法廷全体がなんとも言えない重苦しい空気に包まれていて、ややもすると気持ちがなえる。しかし裁判長としてみっともない態度は取れないので、自らを鼓舞し、複雑な気持ちを抑えて死刑を宣告したものです」

これまで宣告したなかでも忘れられない法廷がある。会社のカネを使い込んだあげく、発覚を防ぐため残業中の上司とビル管理人を撲殺。金庫から現金を盗んだのち、証拠隠滅のため建物に放火した男を裁いた法廷だ。

当時を回想しながら元裁判長は語った。

「根はまじめなサラリーマンが遊興におぼれ、人生の歯車を狂わせてしまった。逮捕後は犯行を悔いつつ、責任を真正面から受け止めようとする姿が立派だった」

逮捕されるまでの間、男は、北海道でひとり暮らす年老いた母親に一目会いたいと、人目をさけ山道を徒歩で数ヵ月歩き通し、群馬県の沼田から青森までたどり着いていた。しかし青函連絡船の時間待ちで入った映画館に自身の指名手配写真が貼ってあるのを見て、北海道には渡れないと観念。妻に別れの電話を掛け、家族を不幸にしたことを詫び、子供のことを頼むと伝えての出頭だった。

元裁判長の回想は尽きない。

「法廷で判決文を読みながら、この被告も赤ん坊の時は夜泣きをし、母親は優しくあやしたんだろう。父親も、経済的につらい思いをしながら学校にやったに違いない。大事に育ててきた自慢の息子が、人を殺《あや》めて裁かれる。そんな日がくることを親は想像もしなかっただろうなと思うと、いかにも憐れでやりきれなかった」

単なる使い込みだけなら、数年で出所できたはずだった。その不正を申し出る勇気がなく、狂気の犯行に走った男の哀れをときどき思い出すという。

「たしかに法廷で長く審理をしていると、犯人に対しても、同情の念がわき起こることがある」と語るのは、現職のベテラン刑事裁判長だ。

「ただ、法定刑として死刑が定められている法制度のもとでは、裁判官は、その罰則の適用にあたり、最高裁が示した『死刑選択の基準』に従わざるをえない。なんとか生かしてやりたいと人情に流されて死刑回避を許せば、個々の裁判官に重刑廃止の立法権を与えることになるからです」

何といっても死刑は究極の刑だ。

だから、その宣告をする裁判官たちは、慎重の上にも慎重を期し、死刑以外考えられない犯行かどうかを極限まで突き詰めて考え、判断している。しかしそれでもなお、上級審で再検討して貰う余地があるのではないかと、死刑宣告に極力慎重でありたいと考える裁判官は、現在の法律のもとで可能な実務運用上の工夫として控訴等を勧めているのだ。

現在、宮崎市で公証人を務める小松平内も、そんな裁判長のひとりだった。地裁の裁判長として3件の死刑判決を下し、地裁の陪席裁判官としても死刑判決に関与したことがある。宮崎地裁の裁判長時代、小松は、涙ながらに死刑を言い渡したとして「毎日新聞」に報じられたことがある。

「最後は絞り出すような声で『内外の死刑に対する意見もあるが、被告の罪責は最も重い部類に属し、極刑をもって臨むのはやむをえないと考える』と言い、死刑を言い渡した。さらに『控訴し、別の裁判所の判断を仰ぐことを勧める』と述べた」

公証人役場の応接室で、当時を回想しながら小松は、おもむろに口を切った。

「あの判決文は長かったんですよ。いちばん大事なところは僕が担当したけれど、2人の陪席裁判官と手分けして朗読した。新聞で報じられたのは量刑理由のところです。犯人の成育歴や、被害者らの人生をまとめた箇所ですが、殺された2人の女性は、数奇とまでは言わないけど何とも言えない人生を送っていた。2人とも、中高年の域に達した頃、ようやくいろんなしがらみから解放され、これから生活を取り戻せるとの実感があった。その矢先に犯人の魔の手が伸びてきて、人生を終えなければならなかった。そういう境遇を読んでいて、無念だっただろうなと思うと身につまされてしまった」

2人を殺した犯人もまた女性だった。B被告（犯行時39歳）は、家業の工務店の経営が行き詰まり金策に走り回るなか犯行に及んでいた。

最初の殺人は、知人女性に睡眠導入剤を混入した缶コーヒーを飲ませて絞殺。バッグの中から9500円を奪っていた。その10ヵ月後、今度はゴルフ仲間の薬剤師に借金を申し入れ、断られたことに激高。絞殺してキャッシュカードを奪い、200万円を引き出していたのである。責任能力の減退を理由に、刑の減軽を求めるというものだった。

法廷で事実関係が争われることはなく、犯行時の心神耗弱状態が主な争点となった。

「はっきり言って」と、強い口調で小松は言った。

「同じお金目当ての絞殺であっても、これは許さないという事件とはちょっと違っていた。犯人にも同情すべき事情がありましたから。責任能力のあることは、検察側の鑑定で容易に認定できた。あとは量刑をどうするか。これを詰めるのに、ものすごく苦労した。最初から結論ありきではなく、論点を整理し、それに関する資料を収集し、証拠を読み込み、合議に合議を重ね延々と議論したものです」

合議では、過去の死刑事案と、死刑を求刑されながら無期懲役になった事案とを洗い出し、どういう事情をどの程度重く見たのか、あるいは見なかったのかを子細に検討し、他の事情なども照らし合わせ結論を導いた。

「僕は、個人的には死刑制度に反対なんです。だけど、裁判官になる時に、憲法違反でないかぎり法令に従うと約束しているわけだから。担当した事件が死刑以外にないと判断した以上、言い渡すしかない。嫌な役目だけど、これも裁判官が背負うべき宿命なんです」

B被告は、小松の勧めにしたがい控訴、上告するが、高裁、最高裁とも死刑判決を支持。確定死刑囚として、現在、再審請求中にある。

小さなため息とともに小松は呟いた。

「あのあと同じ裁判所の裁判官から、ずいぶん批判された。裁判官は感情を表に出したらいかん、と。だけど能面のような裁判官ではなく、悲しみのわかる言動をしたっていいじゃないかと思ったものです。ただ僕は、泣いたわけじゃない。声が裏返ったのは認めるけど、朗読のあと疲労困憊していて、汗でメガネがずれたのを指で押さえただけのことです」

小松は、その後も2件の死刑判決を言い渡している。そして定年まで4年を残し、熊本家裁所長を最後に退官した。

進む「厳罰化」

「死刑選択の基準」というものがある。

これは「永山基準」と呼ばれ、連続射殺魔と称された永山則夫の裁判から生まれたものだ。永山は、わずかひと月ほどの間に、東京、京都、函館、名古屋で警備員やタクシー運転手4人を射殺。タクシーの売上金や時計などを盗んでいた。凶器の拳銃と銃弾は、横須賀の米軍基地に忍び込み基地内の住宅から盗んだものだった。

最初の犯行から約半年後の1969年4月、永山は東京・渋谷区の路上で逮捕された。犯行時19歳の年長少年だったが、一審の東京地裁は死刑を言い渡した。

ところが控訴審で、無期懲役へと減刑されるのである。その理由を、審理にあたった東京高裁の船田三雄裁判長は、判決文に書いている。

「ある被告事件につき死刑を選択する場合があるとすれば、その事件については如何なる裁判所がその衝にあっても死刑を選択したであろう程度の情状がある場合に限定せらる」「死刑の宣告には裁判官全員一致の意見によるべきものとすべき意見があるけれども、その精神は現行法の運用にあっても考慮に価するものと考える」

永山の命をひとまず救った「船田判決」は、しかし一方で、最高裁に動揺をもたらした。『死刑の基準』の著者、堀川惠子の言葉を借りれば、「船田判決」が一般化すれば、死刑をまったく例外的な刑とする可能性があり、引いては実質的に死刑廃止の主旨と理解される余地があったからだ。

元東京高裁裁判長で弁護士の木谷明が、最高裁の動揺について解説する。木谷は、「船田判決」当時、この事件こそ担当していなかったが、最高裁判決の文案を作成したり、判例解説を執筆したりする調査官の職にあった。

「船田判決は、その当時の死刑言い渡し基準から見ると、やはりかなり踏み込んだ判決です。それについて最高裁は、無期懲役の結論を維持できないとしてこれを破棄し、高裁に差し戻したのですが、死刑の基準についてある程度歯止めになるような見解を示さないと収拾がつかないと思ったのでしょう。船田判決を破棄するにあたって、『死刑の選択も許される』べき基準を量刑因子（判断基準）として示したのです」

最高裁が示した量刑因子は、「犯行の罪質、動機、態様ことに殺害の手段方法の執拗性・残虐性、結果の重大性ことに殺害された被害者の数、遺族の被害感情、社会的影響、犯人の年齢、前科、犯行後の情状等各般の情状」の9項目だった。

これが、その後の死刑判決で、必ずといっていいほど引用される「永山基準」である。

元東京高裁裁判長はこう言った。

「差し戻し審は、審理を一からやり直すのではなく、審理すべきポイントが指示されている。極めて限定された範囲での審理となるうえ、最高裁は、無期では納得できないと言っているわけだから、審理の結果は、最初からほとんど決まっているという感じがした」

実際、差し戻し審は、永山に再度の死刑判決を言い渡している。これに対し、永山は上告するが1990年4月、第二次上告審で死刑が確定。確定判決から約7年後、逮捕から29年目に死刑は執行された。

最高裁の「永山基準」によって、死刑判決が増えることはなかった。しかしその後、さらなる凶悪事件が発生したことで「永山基準」は緩和され、死刑は「選択も許される」刑罰から、「選択するほかない」刑罰へと姿を変えていくのである。

死刑の「選択基準」を大きく緩和させたのは、1999年4月、山口県光市で発生した母子殺害事件だ。

当時、18歳と1ヵ月の少年だったC被告は、水質検査の作業員を装い、若い主婦（当時23歳）のアパートの部屋に上がり込み、絞殺したのち性的暴行を加えた。しかも泣き止まない生後11ヵ月の長女を、ヒモで絞殺するという残忍な事件だった。

少年の場合、１９４８年7月の少年法制定以降、殺害した人数が2人だと死刑になった例はなく無期懲役が下されている。また「永山基準」に照らしても、C被告に前科はなく、少年審判手続きによる調査で「矯正教育の可能性がある」と報告されていた。

そういう事情が有利に働いたのだろう。一審の山口地裁、二審の広島高裁とも無期懲役を言い渡した。しかしこのあと、事態は劇的に変化する。

被害者の夫がテレビのワイドショーに出演するなどして、その無念の思いを強い怒りとともに訴えたのである。これによって厳罰化を求める世論が形成され、それに押されるように最高裁は無期懲役を破棄し、審理を高裁へと差し戻した。その最高裁判決にはこう書かれている。

「少年法51条（平成12年法律第１４２号による改正前のもの）は、犯行時18歳未満の少年の行為については死刑を科さないものとしており、その趣旨に徴すれば、被告人が犯行時18歳になって間もない少年であったことは、死刑を選択するかどうかの判断に当たって相応の考慮を払うべき事情ではあるが、死刑を回避すべき決定的な事情であるとまではいえず、（中略）死刑を選択しない事由として十分な理由に当たると認めることはできない」

暗に、死刑判決を求めるかのような書きぶりだ。実際、差し戻し審の広島高裁は、C被告に死刑を言い渡した。被告側は上告するものの、上告審で棄却。死刑が確定している（現在、再審請求中）。

最高裁の内幕を暴いた『最高裁の暗闘』によれば、この事件をめぐり最高裁は、相当に混乱していたことがわかる。事件を担当した第三小法廷の濱田邦夫裁判長は、「死刑と無期、2通

死刑はこうして変化してきた

1948年3月　死刑制度の合憲化

犯行当時19歳の少年が、実の母親と妹の2人を殺害。最高裁は少年を死刑としたうえで、憲法は、死刑によって社会を防衛することを求めていると結論。死刑が「合憲化」された

1983年7月　死刑選択基準の決定

永山則夫が、ピストルを盗み4人を殺害。最高裁は、残虐性、殺害された人数など9項目の基準を示し差し戻し審で死刑判決が下る。以降、これが死刑選択の「永山基準」となる

2006年6月　死刑選択基準の緩和

18歳の少年が山口県光市で主婦、その娘の2人を殺害。従前の基準なら無期懲役の可能性も高かったが、最高裁は「死刑の選択をするほかない」とした。死刑の要件は緩和へ向かう

2010年11月　裁判員裁判初の死刑

無職の被告人（32歳）がマージャン店経営者ら2人を電動ノコギリで切りつけ殺害。残虐性や、覚醒剤利権のためという動機を理由に、裁判員裁判で初の死刑判決が下った

2016年2月　絞首刑の合憲化

被告人（48歳）がパチンコ店に放火し5人が死亡、10人が重軽傷。一審では「絞首刑」が、憲法の禁じる「残虐な刑罰」か否かが争われ、合憲と判断された。最高裁もこれを踏襲

2016年6月　少年犯罪の厳罰化

18歳の少年が、元交際相手の姉と友人を殺害。居合わせた男性も重傷。最高裁は、残忍な犯行などを理由に「死刑を是認せざるを得ない」と判示。少年犯罪厳罰化の流れが続いている

りの判決文案を調査官室に作らせ」、『『死刑』派は『無期』派に迫った。『どちらが社会に対して説得力があるだろうか』その結果、『無期』派が折れたのだった」。

しかし被告の罪を問い、量刑をどうするかは、本来、「安定普遍の法」によって裁かれる必要がある。世論に押されての政治的判断や、変幻自在の政策によって裁かれていいものなのか。そんな疑問を投げかけたところ、元東京高裁裁判長は人柄がにじむ語り口で述べた。

「両方の判決を書いてみること自体は、悪いことじゃない。書きながらその判決は、証拠関係に耐えられるのか、筋道として合理性があるのかを検討する。その際、世間的な波及効果というか影響を、ひとつの要件として考えてもいいけれど、それをベースに判決を書くのはいかんでしょう」

光市母子殺人事件は、死刑の選択基準を緩和し、少年であっても死刑を言い渡すという厳罰化への流れを生み出した。だが、更生の可能性をかえりみることなく、切り捨ててしまうことを憂慮する刑事裁判官は少なくない。

前出とは別の元東京高裁裁判長が言う。

「僕はね、個人的には光市の母子殺害事件は、本当に死刑が相当だったのかって疑問に思っている。少年犯罪についての世論調査は、少年けしからん、もっと罪を重くすべきだという意見が4割近くにのぼるけれど、裁判官でそう考える人はいないと言っていい。少年というのは、精神的にもろいところがあって壊れやすいけれど、ほんの少し手を差しのべてあげると驚くほどに立ち直るものなんです。僕の裁判官時代の経験でも、ひどい罪を犯した少年が更生教育によって立派な社会人、家庭人となって、目立った活躍はなくても社会に貢献できている人が多い。だからこそ少年法の精神として、いま一度、チャンスを与えようというのがあるわけです。これを厳罰化で奪うことは間違っていると思いますね」

裁判は純粋に知的な認識作業とされる。しかし過去の冤罪事件の例を挙げるまでもなく、裁判官が事実認定を間違うことはある。また必ずしも、客観的かつ公正な判断が下されるわけでもない。少年事件の厳罰化には、大きな危険が孕んでいるといえよう。

第九章　冤罪と裁判官

裁判所が作った冤罪

日弁連の「再審支援第1号」となった「徳島ラジオ商事件」は、捜査機関ではなく裁判所によって作り出された冤罪だった。

民間放送局として日本テレビが、はじめて本格放送を開始したばかりの1953年11月5日の未明、店舗兼住居の寝室に侵入してきた何者かによって、三枝亀三郎（当時50歳）は刺殺された。寝室には、内縁関係にあった冨士茂子（当時43歳）と二人の間にもうけた娘の佳子（当時9歳）も一緒に寝ていたが、茂子もまた左腹部を刺され重傷を負っている。

ラジオがまだ高額電気商品だった戦後のはじめ、いち早く月賦販売制を取り入れ事業を拡大してきた亀三郎は、野心家の経営者であった。厳しい審査はあるものの、放送免許が地方で手をあげた事業者に交付されているのを知って、このままラジオ商で終わるのではなく、放送事業に乗り出し、四国地方の名士となる夢を見たのである。

放送免許は、通常、地元新聞社が地元財界の協力を得てテレビ局を設立したのち取得するものだが、亀三郎は独立系放送局の「テレビ徳島」を立ち上げ、放送免許獲得に奔走した。事件当時は4階建ての新社屋ビルを建設中で、放送用の電波塔の設置許可を徳島県庁に申請中だった。

当初、警察は、犯人が何ひとつ金品を盗んでいないことから、三枝に恨みを持つものの計画的殺人と断定。茂子も、事件から2日後、入院先の病院のベッドで「徳島新聞」の取材を受け、「建築中の〝テレビ徳島〟の建物のことでも色々問題があったので、このことが原因となったのではないかとも思えます」と語っていた。

だが、捜査が行き詰まるなか、いつの間にか事業に絡む怨恨説は消え、夫婦喧嘩がエスカレートした末に逆上した茂子が、亀三郎を刺殺したとして逮捕されたのである。そして1年7ヵ月の審理を経て徳島地方裁判所は、懲役13年の刑を言い渡した。この日から茂子の冤罪が晴れるまで、29年という時間がかかっている。判決を聞くことなくすでに鬼籍に入っていた茂子は、死後救済された初の冤罪被害者でもあった。

無実を訴えながら一審で有罪判決を受けた茂子は、控訴、上告するものの上告の翌年、自らの意思で上告を取り下げたことがあった。かさむ一方の裁判費用への心配と裁判への絶望がその理由だった。

支援者に相談なく、上告を取り下げたことを責める甥の渡辺倍夫《ますお》と実妹の郡貞子に、茂子は語っている。

「服役すれば私が犯人だと人さんは思うだろう。けれど、こうして裁判を続けているかぎり、真犯人は出んような気がする。それよりも、一刻も早く刑をすまして出所し、私一人でも草の根を分けて犯人を捜し出そうと思ったんや。

それに、裁判をこれ以上続けるとなると、お父さんの作った財産を使い果たしてしまう」

家族がつけていた金銭出納簿によれば、逮捕以降、上告取り下げまでの5年間に費やした弁護士費用が91万6000円、諸経費75万630円を入れると訴訟費用の総額は166万6630円にのぼっていた。現在の金額に換算しておよそ2300万円に相当する。これ以外にも、茂子は亀三郎が前妻との間にもうけた4人の子供たちの面倒を見ていて、その生活費、学費などで貯金は底を突き、すでに徳島駅にほど近い一等地に構えていた店舗兼住宅の売却話が進められていたのである。

獄中でしたためた「茂子の手記」には、上告は取り下げはしたものの「腹の底には以前にも増してこの無実を晴そうと、ただその時機の当（到）来を待ってゐる」とある。

そしてその機会は、思いのほか早くにやってきた。上告取り下げから3ヵ月後、茂子有罪の決め手となる証言をした二人の住み込み店員のうち、当時16歳だった元店員が徳島地方法務局に出向き、茂子と亀三郎が争っているのを見たという証言は、検事に誘導されるままに虚偽を述べたものであり、二人が争っている姿は見ていない。検察官面前調書にある自分の供述は、偽証だったと告白したのだ。

もうひとり、当時17歳だった元店員もその9ヵ月後、同じく徳島地方法務局で、検察官に脅し透かしされたあげく偽証したと述べた。

茂子の上告取り下げの衝撃が、二人の元店員の悔恨の情を突き動かしたのである。この二人の新証言をもとに、茂子は刑務所から再審請求したが、あっけなく棄却されている。

囚人が再審請求するということは、裁判で認定された犯行を認めないことである。いくら模範囚として過ごしても、罪を認め、悔い改める姿勢を示さないとなれば仮釈放とはならない。

「改悛《かいしゅん》の情なき模範囚」と呼ばれた茂子は、ほぼ満期に近い12年余りの刑期を務めあげた。

仮出獄後も再審請求を出し続け、3度目の再審請求が棄却されたあと、支援してくれていた作家の瀬戸内晴美（現・寂聴）を前に胸の内を明かしている。二人は郷里がともに徳島というだけでなく、同じ徳島高等女学校の同窓生という関係にあった。すでに逮捕から16年が経っていた。

「もうこれであきらめるだろうと思うてるんでしょうが、そうはいきません。ええもう、私ばかりでなくて、無実の罪をきせられた人は何人もいて、くやしさと絶望から獄中で自殺をはかる人もいますけれども私は一度も自殺だけは考えませんでした。子供に逢いたかったし、このままでは死んでも死にきれん。外へ出たら、自分で犯人を探そうと思ったからです。もう時効になっていることだし、真犯人を知っている人が教えてくれるんじゃないでしょうか。私は捕えられた時から、強情だといわれつづけました。していないからしていないといいはるのを強情だというんだから何をかいわんやです。もちろん、二人の証人の店員にも逢いました。二人とも今は結婚して子供も出来ています。奥さん、すみません、あやまってすむことでないけれど、奥さんなら、ぼくらがあんなことといわなければならなかった事情はわかってくれるでしょう、といわれて、ほんとにそうだとうなずきました。私はあの二人をちっとももう恨んでいません。彼等にそういう偽証をさせた権力のからくりを憎んでいるのです」

さらにこう続けた。

「いつだったか、大阪でテレビに出た日、デパートで見知らぬ方に声をかけられ、くじけずがんばりなさいといわれた時は体じゅうがじいんとしました。こういう人の親切の有難さを知ることが出来たのは、この不運の唯一のたまものでした」

その後も再審請求は退けられ、「第5次再審請求」では、腎臓ガンの悪化から法廷に出られない茂子のために、徳島地裁の安藝保壽《あきやすとし》裁判長は、入院先の病室で出張尋問をおこなった。ベッドに寝たきりの茂子は、「裁判長さま、真実は一つ、私はそんなこと（殺人）はしていません。ほんとうのことをわかって……」と、気力を振り絞り、声を限りに訴えた。

さらに病状が悪化し、危篤状態となってからは茂子の姉妹弟4人が、このままでは茂子が浮かばれない。私たちがどんなことをしても無実を晴らしてやりたいと、再審請求の継承を申請し認められている。その継承された「第6次再審請求」によって、ようやく再審が開始され、無罪判決を受けることができたのである。

「不可思議な審理」

この事件を知って、当時30歳の開高健は新聞小説「片隅の迷路」を「毎日新聞」に連載した。その執筆動機をこう語っている。

「これはイデオロギーも何も関係のない市井の一個人が偶発事故のために、整合しあわなさすぎる証拠を理由にして訴追、投獄されるという事件だが、おいおいそれを現地にでかけたり、関係者に会ったりして調べていくうちに恐怖におそわれて……私はこの事件に日本の裁判における官僚体系のひどい膿汁を嗅がされたように感じ、うかうかと暮してはいられない恐怖をおぼえて書きにかかった」

元最高裁判事の谷口正孝は、『裁判について考える』のなかで、「冤罪」は捜査機関の強引な見込み捜査と、その見立てに沿った自白の強要など「捜査構造の歪みにその原因を求めるのが一般」であると指摘しているが、こと「徳島ラジオ商事件」に限っては事情が違っていた。

冨士茂子の「第6次再審請求審」で主任裁判官（右陪席）を務め、大部の「再審開始決定書」を書いた秋山賢三（取材時76歳）は、自宅居間のテーブルに当時の裁判資料を広げながらおもむろに口を切った。

「わたしも、もう、そんなに余命があるわけじゃありませんので、洗いざらい話してみようと思っているんです。これはね、いままで外に向かって言ったことはない。あなたにはじめて言うことだけど、この事件は、裁判官の常識では考えられない不可思議な審理が数多くなされていたんです」

その「不可思議な審理」への考察を重ねながら、秋山は、裁判長の安藝保壽と任官2年目の細井正弘裁判官との合議体で再審請求審の審理にあたった。

裁判長の安藝はもともと徳島県の出身で、陸軍幼年学校から航空士官学校に進んだところで終戦を迎え、戦後、京大法学部に入り直し27歳で裁判官に任官した。3人の姉に囲まれて育った末っ子で、芯は強かったが出世欲のない人だった。

冨士茂子の裁判がはじまってすぐの頃、高松地裁から徳島地裁に異動してきたこともあって、公判過程を刑事裁判官として注視していた。その時から、この事件は「冤罪」との確信を抱いていたという。

秋山は、約3ヵ月かけて訴訟資料を読み込んだのち、7月のある日の夕刻、裁判所近くのデパート屋上のビヤホールで安藝裁判長、細井裁判官との最初の意見交換をおこなった。

当時を回想して秋山は、「あの日は、本当に楽しかった」と語った。

「安藝さんからこの事件どうしようと振られたので、これは冤罪ですからなんとかいい開始決定をしましょう。ただ、マスコミがうるさいからいっさい再審開始の方針は伏せて迅速に進めましょうと言ったら、安藝さん、ものすごく嬉しそうな顔をしてね。ビールで乾杯したあと飲みなおそうと言うので、いったん、荷物を置きに裁判所の官舎に帰ってからタクシーで繁華街に繰り出した。行きつけの店を3〜4軒梯子《はしご》しましたかね。飲みながら、やろうな、やろうなと何度も話し合ったものです」

この日の話し合いから2年半後、冨士茂子の再審開始決定が言い渡されている。

秋山は「再審開始決定書」のなかで、検察が、茂子を有罪とした「決定的な決め手」は「全て虚構であった」と断罪した。

当初、捜査に当たった警察は、亀三郎の布団のシーツに残されていた土足の靴跡（ラバー・シューズ）などから「外部犯人説」を取り、約1年にわたって捜査したうえで地元のヤクザ二人を逮捕した。徳島地検の担当検察官は、それまでの捜査結果を検討し、この二人が犯人であると判断。1954年6月、起訴状原案を作成して高松高検に起訴の請求許可を求めたところ、証拠不十分として決裁が得られなかった。犯行を裏付ける決定的証拠がなかったうえ、ひとりはヒロポン中毒で証言能力がなく、もうひとりは頑強に否認を貫いたからだった。

地元紙が「迷宮入り」を報じるなか、「強気の田辺」と異名をとった徳島地検の田辺光夫検事正が、警察に替わって捜査を指揮することになった。地検のトップである田辺は、「無能な警察に替わって犯人を上げてみせる」と大見得を切っていたという。

田辺検事正は、司法修習を終えたばかりの村上善美検事を中心に数名の検事と検察事務官で特別捜査班を編成すると、事件を再検討するよう命じた。村上検事らは10日ほどかけて基礎調査と基礎的捜査を終えると、7月10日頃、徳島地検で田辺検事正、湯川次席検事らが出席する捜査会議に臨んだ。

村上検事が作成した報告書『冨士茂子に対する偽装殺人被疑事件捜査の経過』には、再捜査の結果、冨士茂子が真犯人の可能性が濃厚と書かれている。

「各項目及び証拠を検討論議を重ねた結果、犯人は外部より侵入したものではなく、茂子が先ず兇器をふるって寝ている亀三郎の腹部を突き刺したもの丶、海軍一等兵曹として鍛え上げた亀三郎は痛手に屈せず立ち上って茂子と兇器の取り合いに及んだが、暗夜のこととて数ヶ所に刺創を受け漸く茂子より兇器を奪い取って茂子を一突きしたが、多量出血の為力遂きて座敷に倒れ、遂に茂子に兇器を奪い返され、最後に茂子から頸部に止めの一刀を受けて死亡するに至った。……然もその真の兇器は何処かに処分し、犯人が外部から侵入したものと見せかける為、前記匕首を新館裏手のコンクリート壁にもたせかけたのではないかとの嫌疑が濃厚であるとの結論に達した」

客観的証拠に基づくことなく、茂子を犯人とするための想像と憶測によって生み出された「結論」だった。

村上検事らは、茂子には2度の離婚歴があったうえ、バーの女性経営者だったことへの偏見があった。客の三枝亀三郎と深い関係となり10年以上生活を共にし、実子まで儲けているのに籍に入れてもらえない不安と不満が、犯行の動機だと邪推したのである。発見できない凶器の刺身包丁にしても、茂子が、住み込み店員に命じて橋の上から川に捨てさせたに違いないと想像を膨らませ、捜査が行き詰まった原因は、すべて茂子による偽装工作が功を奏したからに違いないと論を飛躍させていた。

こんないい加減な見立てでも、しかし正式な捜査会議で了承されるや、茂子の犯行を裏付けるための捜査が強引に進められていくことになる。

検察の誘導

村上検事率いる特別捜査班は、住み込み店員のひとり（当時17歳）を45日間勾留し、もうひとり（当時16歳）は27日間勾留したうえで、検察官が作り出した荒唐無稽なストーリー通りの供述をさせていた。

先にも触れたように、のちに二人の元店員は、自分たちの供述は検事に強要されたものだったと「偽証告白」するが、ひとりは、自身の偽証によって茂子が有罪となったことを苦にし、睡眠薬による自殺未遂を起こしていた。当時17歳だったこの元店員は、その後も未遂に終わったものの、農薬のホリドールで自殺をしようとして両親に宛てた遺書で、法廷で偽証したことへの悔恨を述べている。

「私にももう少し勇気があればこの様に苦しい立場におい込まれて居なかった事と存じます、いかに検事の調べが『キツイ』とはいえこれまで『ウソ』の証言をしなくてもよかった物と思って居ります。……これ以上生きていることはお父さん始め家中の人に心配と御迷惑をかける事は私自身たまらないのです。……一日も早く事件を解決して一生懸命に働き皆さんに安心してもらわなければならないと思いましたがそれも出来なくなりました。

これで終ります皆様によろしくお伝え下さいますようにお願い致します。皆様の御幸福をお祈り致します」

この元店員が偽証告白してから半年後、瀬戸内晴美は、その実家を訪ね二人っきりで3時間ばかり話し合っている。23歳になっていた元店員は、瀬戸内にこう言った。

「わしな、あの事件からずうっと、十七の年から今まで、頭の中にな、石つめこんだみたようで、一日もからっとした日はなかったんでよ。いやなもんやった。ほんまにしてくれへんかもしれんけんど、わしはな、ずうっと死ぬことばかり考えとった。もうこんなせこい（苦しい）想いするなら、いっそ死んだ方がさっぱりすると思うてな」

取調室で、同じことを何度も繰り返し聞かれ、検事が誘導するままに証言させられ、後日、それを取り消そうとすると偽証罪で懲役10年になると脅され、取り消しを撤回させられていたのである。目に涙を浮かべて語る元店員を見つめながら、瀬戸内は「戦争だけが若者の青春を奪うものではないことをはじめて識った」と書いている。

村上検事の特別捜査班が編成されて2週間後、亀三郎の初盆の日に、茂子は夫殺しの容疑で逮捕された。徳島市内は前日からの阿波踊りで賑わい、全国から押し寄せた10万人の観光客は、一日中、三味や太鼓、カネと笛が繰り出すリズムに酔いしれた。

茂子が連行される際、義理の娘にあたる長女の登志子が、「母ちゃん、母ちゃん」と泣き叫び、茂子を連行させまいと抱き着いて離れなかった。やむなく検事は、抱き合って離れない二人を車に乗せ地検へ向かっていた。

地検としては、警察に啖呵を切っていた以上、どうしても茂子を犯人に仕立て上げ、早期に事件を解決する必要があった。連日にわたり、「検事も二、三人、事ム官もいれれば五人位いが、次ぎ次ぎに寄ってたかって口々に責めたてる」。三味の音と見物人のざわめきがかすかに聞こえてくる取調室で、二人の少年店員の供述を聞かされ、「お前が殺さんと誰が殺すか」と詰問された時の心境を茂子は獄中手記に残していた。

「『包丁を捨ててくれ』とか『電線を切ってくれ』とか、そんなことを頼んでわからずにすむと想うほどの私は馬鹿かしら」

過酷な取り調べを受けながらも、「私こそ真の被害者だ」と否認を貫いていた茂子に検事は言った。

徳島ラジオ商殺し 事件の経緯

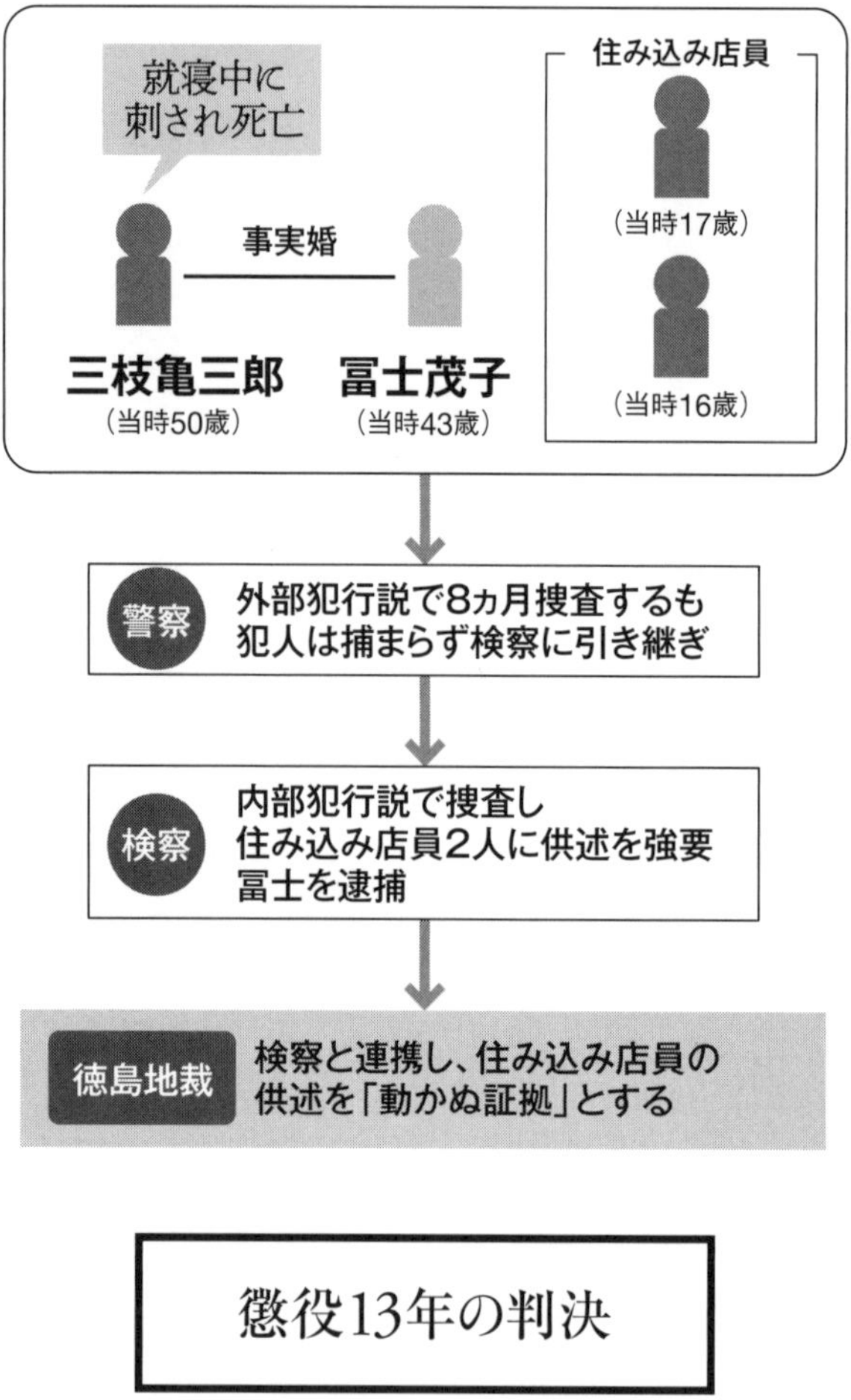
就寝中に
刺され死亡
事実婚
三枝亀三郎
（当時50歳）
冨士茂子
（当時43歳）
住み込み店員
（当時17歳）
（当時16歳）
警察
外部犯行説で8ヵ月捜査するも
犯人は捕まらず検察に引き継ぎ
検察
内部犯行説で捜査し
住み込み店員2人に供述を強要
冨士を逮捕
徳島地裁
検察と連携し、住み込み店員の
供述を「動かぬ証拠」とする
懲役13年の判決

「お前は裁判のやり方を全然知らないなあ――、教えてやろうか」「二人の生き証人があれば、物的証拠は一つもなくても、お前は一ころ。自白書がなければ起訴出来ぬ位にまだ思うとるのだろう、そんなものはいらぬは（わ）。ここで、殺しましたと云えば、義利（理）の子供の面倒も良く見て来たし……情々（情状）を勺（酌）量して執行猶予をやるわ。裁判と云うものはなあ、検事がこうだと定めたら、裁判長は大方云ひなりになるものだ。お前がいくら声を大に叫んでみても、検事が『夫殺し』だと決めたら、お前の友達も近所の人達も、ああやっぱり茂子が殺したのかと奈（納）得し、得心するのが人情だ」

茂子の勾留期限が近づいてくると、なんとしても落とせの大号令のもと、取り調べはますます激しさを増し、精神的な揺さぶりにも手が込んでいく。

茂子の生家の隣に住んでいた検察事務官は、四面楚歌の徳島地検内でただひとり茂子をかばってくれていたが、この時、こう言った。

「あなたが自白しないのは、私とあなたとが関係があるからと上司に私が疑われている。私の立場がない」

恩義を感じていた相手の親切も、所詮はおためごかしだったと知って、それまで張り詰めていた緊張の糸も切れてしまったのだろう。この後、検事に言われるままに自白していたのである。

茂子の甥の渡辺倍夫が残した記録を見ると、虚偽の自白をしていた茂子の様子が鮮明に浮かび上がってくる。

「検事さんが、

『ここで自供しておいて、法廷でウソだという人もある。それでも罪にはならない』

と申されました。これは私の自白がなければ起訴できないからだと思います。強情だといわれても、していないことをいうわけにはいきません。それで、

『ウソでもいわなければいけないの』

と尋ねましたら、それまでは、『ウソをいう必要はない』といっていたのに、その日にかぎって、

『ウソをいえ』

と申します。そこで、

『私を犯人にするつもりですか』

と尋ねましたら、

『罪にならんから、いえ』

といいますので、検事さんのおっしゃるままに、証拠に合わせて、

『ハイ、ハイ』

と申しました。

そのとき、

『こんな残酷なこと……』

といいますと、

『酷かも知れんがいえ』

といわれ、私は卒倒しかけて、だれかに後ろから支えてもらったことを覚えています」

検察に協力した裁判所

さらに検事は、茂子の泣き所である子供の話を持ち出し、「子供のことを次席検事に頼みなさい頼みなさい」と繰り返した。

茂子は、「子供のことを云はれると、学校へ行っているかしら、友達にいぢめられてないかしら、近所の人達に白眼視され、軽蔑《けいべつ》されていないか」と胸が張り裂ける思いになり、「どうぞ子供のことをよろしくお願ひ致しますと、口惜し涙で云った」ところ、検事は「殺したと云ってワッと泣け」と畳みかけていたのだ。

「『子供のことをお願ひ致します』と云はされた意味が何となく喰い違ってゐるとその時感じた」が、時すでに遅く、検事たちは、犯行を認めたうえで子供のことを頼むと言って泣き崩れたと、マスコミ発表したのである。

徳島地検とすれば、この日のうちに、どうしても自白調書をとる必要があった。

その日の午前には、橋の上から川に凶器を捨てたとの店員の供述にもとづき、大がかりな川ざらえをおこなっていた。もともとこの店員の供述は、検事に強要されての偽証だった。端から凶器が出ないことを承知で、適正な捜査をしていることを世間に印象づけようとしたのである。そこに茂子の自白が加われば、凶器が発見されなくても事件は解決し、翌日の新聞も派手に取り上げてくれる。その計算のもと、嘘でもいいから自白しろと迫っていたのだ。

翌8月27日の「徳島新聞」は、「廿六日夜、茂子を鋭意追及した結果、午後十時すぎついに『私がやりました』と犯行を自供した」と報じ、「徳島毎夕新聞」は「泣きながらポツリポツリと犯行の動機、状況を自供しており、内部説をとった地検捜査陣に凱歌が上り、迷宮入りを伝えられたこの事件も解決への脚光を浴びた」と書いている。

「徳島新聞」の同じ紙面には、川ざらえの様子を撮影した写真と、その結果についても報じられている。

「事件のキメ手とみられる凶器の刺身包丁を茂子の指図で両国橋から新町川に捨てたとの元同店員…の自供にもとづき、廿六日…潜水夫…を川底にもぐらせ午後から県警本部鑑識課の応援を求めて水中捜検器を持出し約七時間にわたり水中捜索を続けたが、出てきたものはパチンコ玉、火バシナイフばかりで、ついに期待された凶器は発見されず」

「再審開始決定書」はこの点にも触れ、「刺身庖丁を新町川に投棄したとの（住み込み店員の）証言は、同人が投棄したと指示する場所を川ざらえしても発見できなかったことが既に第一、二審の段階で明らかであり」「（住み込み店員の）第一、二審証言が虚偽であったことを示している」と批判した。

しかし、なぜ、裏付けのないうたかたのような店員の「供述」が、「茂子有罪の決定的支柱」となりえたのか。

この疑問に対し、秋山はこう答えた。

「種明かしをすると、検察官は、二人の住み込み店員から自分たちの描いたストーリー通りの供述調書を取るや、ただちに裁判所に依頼して、同じ内容の供述調書を取ってもらっていた。だから二人の少年は、法廷で裁判官に取られた『裁判官面前調書』通りの証言をしているのです。裁判官に取られた調書が、法廷証言のシナリオの役割を果たしていて、彼らの法廷証言は『動かぬ証拠』となった。捜査段階での供述調書を採用しなくても有罪にできたんです」

「裁判官面前調書」は、「任意の供述をした者が、公判期日においては圧迫を受け前にした供述と異る供述をする虞《おそれ》があり、且つ、その者の供述が犯罪の証明に欠くことができないと認められる場合には、……検察官は、裁判官にその者の証人尋問を請求することができる」との法令を根拠としている（刑訴法227条）。

元東京高裁裁判長は、大きなため息とともにこう語った。

「これを使ったんだ。この条文は、滅多に使わないごくごく例外的な規定ですよ。供述変更もあるけど、法廷を待っていたんでは証言できなくなる病状の人だってありうるからね。取り調べとして聞くんじゃなくて、裁判長が双方の立場にたって公平に証言を取るという主旨。だから、できれば弁護人もつけて公平に聞く。正確な証言を残しておくという主旨で、捜査の調書の内容を固めるために使うという主旨じゃない」

しかし当時の徳島地裁では複数の裁判官が動員され、検察のストーリーに沿った「裁判官面前調書」が作成されていたのである。ある意味、捜査の片棒を担がされていたといえよう。裁判がはじまるや、「冤罪」を作り出す捜査に自らが手を染めてしまったことに気づいた裁判官もいたはずだ。だが、後戻りはできない。担当の裁判官たちは、この事件は有罪しかないんだとの無力感のもと、無理やりにでも有罪判決を書かなければならないという心境に陥ったに違いない。

重要証言を排斥

三枝亀三郎と茂子の間に生まれた佳子は、法廷での検察官の尋問に答え、親子で寝ていた部屋に賊が侵入してきたと証言した。外部犯行説を裏付ける重要証言だが、裁判官たちは一顧だにしなかった。

「証人は起きた時本当に泥棒を見たのか」
「見ました、本当に見ました」
「証人は前に検察庁で調べられた事があるか」
「あります」
「その時泥棒を見た事はないといったのではないか」
「それは私を調べたおぢさんがそうして仕舞ったのです」
「証人は見た事はないとは言わなかったのか」

「いいませんでした」

「その調べの時調書を作って貰ったか」

「帳面を書いて呉れましたが私が見たというのにおぢさんが見とらんという事にして仕舞ったのです」

「証人は叱られたか」

「嘘を言えと叱られました。私が見たというのに、よう考えて見い嘘を言えと叱られました（証人は激しく泣きながら供述した）」


一審の津田裁判長は、佳子の証言に対し、「同人は事件当時年令一〇歳小学校四年生の少女である。智力も判断力も劣るのみならず本件のごとき早暁のしかも暗中の突発的事件にあっては見聞の確実ならざることは当然である」として、この重要証言を排斥したのである。

「再審開始決定書」は、この判断の誤りを痛烈に批判している。

「一〇歳以下の小児でも異常体験に基く事実に関する証言能力は広く実務上も承認されており、成人以上に信用できる場合もあることが指摘されているところである。しかも『見聞の確実ならざることは当然』というけれども、本件の場合、証言の前提となる認識能力は四畳半の間に知らない人が入って来たか否か、入って来たとすればどんな人だったか、というのに尽きるものであり、当時小学四年生であった佳子の証言を右の理由で排斥するのは採証法則上も妥当とは考えられない」

覆された判決

成人してから佳子は、刑務所の茂子を面会で訪ねたことはほとんどなく、茂子の再審請求にも名を連ねなかった。子供にとってもっとも大切な時期、母親と引き離されたことで、共に暮らした親子と違って強い情の繋がりを持てなかったのかもしれない。しかしそれ以上に、裁判の恐ろしさを骨身に沁みる思いで嚙みしめてきた佳子にとっては、いっさい裁判と関わりを持ちたくなかったのだろう。

茂子の再審弁護団のひとり、弁護士の田中薫は日弁連が編集した『女性弁護士の歩み』のなかで述べている。

「徳島事件には、もう1人忘れてはならない被害者がいた。茂子さんの娘さんのK子さんは9歳のとき父を殺され、自らの証言はすべて否定され、母を無実の罪で奪われた。そのため、『裁判は信じない』と、私たちとの打合せも拒否した。同世代の私たち女性弁護士からの働きかけにも、何らの変化もなかった。K子さんの人生は、私たちの想像を超えたところにあっただろうと思う」

捜査の片棒を担いでしまった裁判官たちが下した判決の酷さを、「再審開始決定書」はこう糾弾している。

「茂子有罪の心証はゆるがないとした……第一、二審の事実認定と証拠説示は、厳密に証拠に基き、それらを論理法則、経験法則に従って正しく評価するべき本来の事実認定の方法論とは相容れないものである」

実際、徳島地裁、高松高裁が証拠として採用した「確定記録」のひとつ、「実況見分調書」の中には「三四葉の写真を添付した」との記載がある。しかし現実には「二八葉」しか添付されていなかった。この不可思議を、冨士茂子を有罪と認定した裁判官の誰ひとりとして指摘していない。

だが、再審請求審の段階になって、検察側は、それまで法廷に出してこなかった「不提出記録」22冊を開示。そのなかには、外部犯行説を裏付ける布団のシーツの上に残されたラバー・シューズの靴跡が明確に認められる写真が数枚あった。

秋山は言う。

「誰が剝がしたのかはわかりませんが、もし、これらの写真が一審段階で裁判所に提出されていれば、茂子さんが犯人であるとする根拠は雲散霧消していたでしょう」

「再審開始決定書」は、こう締めくくられている。

「（再審請求審で審理した）新旧証拠の総合評価を経た結果、三枝亀三郎殺害事件の真犯人は亡冨士茂子である旨断定した確定判決に対し、亡冨士茂子は無実であることが明らかな証拠が新たに存在するに至ったというに充分である……本件につき、再審を開始することとしなければならない」

裁判の理由は真実に沿わなければならないとした法格言が、ようやく実践されたことになる。

「こんなひどいことをやってはいけない」

語気を強めて語る秋山の表情は、怒りよりも悲しみに満ちていた。

「冨士茂子さんや佳子ちゃんだけでなく、偽証を強いられた二人の少年店員も、検察官によって不幸な役目を背負わされ、干天の熱砂の中をその重みに耐えながらひたすら歩くしかない可哀想なラクダのような人生を過ごすことになった。その罪深い捜査と、真実探求の情熱を欠き公正な判断をしなかった裁判の実態を後世に残すため、私はこの決定書の中に一審、二審判決の不合理な判断や不適正な証拠評価をぜんぶ引用したんです」

再審開始の決定書を執筆したことで秋山は、裁判官としての出世の道をとざされたといわれている。この決定から11年後、依願退官し弁護士への転身をはかった。

裁判長だった安藝は、定年の1年前、福岡高裁宮崎支部長を最後に依願退官した。安藝もまた、再審決定を下したことで、その能力に見合った処遇を受けられなかったという。

第十章

裁判所に人生を奪われた人々

有罪を作るためのリーク

「本当のことを言っているんだから、私の話をちゃんと聞いてくれたら無罪しかないわけですよ。裁判官はきちんと審理して無罪判決を出してくれるに決まってる。そう思ってたもの。私は裁判所を疑ってなかったから。ところが、無罪の人間に無期懲役を言い渡したんですから絶望した。これが日本の裁判所なのかって。そんな酷いところなんだって」

険しい表情で一気にこう語ると、青木恵子（取材時54歳）は押し黙ってしまった。人生を一瞬にして崩壊させられた法廷での記憶が、生々しく甦ってきたかのようだった。

大阪市内の貸会議室に約束の時間ピッタリに現れた青木は、花柄のワンピースに黄色のカーディガン、ハイソックスという若々しい出で立ちだった。その服装にしばし気を取られていると、弁解するように言った。

「若作りしてるって言われるんだけど、あの日以来、時間が止まってしまって。どんな服を着ればいいかわからないから。昔、着ていたような服ばかり買ってしまうんです」

２０１５年12月4日の衆議院法務委員会で、清水忠史代議士が最高裁刑事局長に質したところによれば、死刑または無期懲役の判決が確定し、１９７５年以降に再審開始決定がされた事件数は合計11件。その11件目の再審開始決定が、青木恵子を犯人とした「東住吉事件」だった。

再審開始決定とは、「無罪を言い渡すべき明らかな証拠をあらたに発見したとき」、裁判のやり直しを命じる制度である。

ごく平凡な主婦として大阪市東住吉区に暮らしていた青木は、1995年7月22日の夕刻、自宅が火災で全焼。この時、青木が前夫との間にもうけた二人の子供のうち、長女のめぐみ（当時11歳）を亡くしていた。めぐみには、3年ごとに30万円が給付される学資保険タイプの生命保険をかけていたが、事故で死亡した場合は1500万円が支払われるというものだった。

大阪府警捜査一課火災班の捜査員たちは、この保険金を得ようと火災事故に見せかけ、長女を殺害したものと憶測。「保険金目的放火殺害事件」の主犯として、青木（当時31歳）を逮捕したのである。共犯は、内縁関係にあった韓国籍の朴龍晧（当時29歳）で、青木の「発案」のもと放火を実行したとして逮捕されている。

この逮捕の日から、再審裁判で無罪判決を勝ち取るまで21年という時間がかかっていた。「娘殺し」の汚名を着せられ、無期懲役囚として自由を奪われた一審裁判を思い出すだに怒りを抑えきれない、と青木は言った。

「私は、世間に迷惑かけんようにと、一生懸命、いろいろ考えて働いていただけなのに。なんで、裁かれないかんかったんでしょうか。なんで、あんな扱いをうけないかんかったのかと、いまでも思いますけどね」

青木の自宅の火災原因は、玄関を入ってすぐの土間に止めていた軽ワゴンのホンダ・アクティの燃料タンクからガソリンが漏れ、その土間に設置していた風呂釜の種火に引火しての事故（自然発火）だった。この事実は、青木と朴の弁護団による二度にわたる「燃焼再現実験」で実証され、再審裁判でも認定されている。

火災翌日の「産経新聞」と「毎日新聞」によれば、所轄の東住吉署も、失火で調べていたとある。

「東住吉署の調べでは、出火場所はふろ場と隣接した車庫。車庫内に設置されていたふろがまと軽ワゴン車が六十センチしか離れていなかったことなどから、同署では、ふろがまの火がガソリンに引火した可能性があるとみている」（「産経新聞」）

「爆発音の後、満タンにした車のガソリンタンク付近から火が出ているのを複数の人が目撃していたという。同署は、たき口のガスの火がガソリンに引火した疑いもあるとみて二十三日朝から、現場検証する」（「毎日新聞」）

ところが４日後の「朝日新聞」は、火災原因は放火だったとスクープした。

「大阪府警捜査一課と東住吉署は……火事は放火事件と断定、現住建造物等放火の疑いで本格捜査を始めた」「出火当時、二回、爆発音がしており、調べた結果、ふろ場横のガレージに止めてあった知人の軽ワゴン車（註・朴の業務用自家用車）付近が出火元とわかった。

軽ワゴン車の給油口のふたは閉まっていたという。車庫内には、ふろのバーナーがあったが、捜査一課は車への引火の可能性はないと判断、ほかに火の気がないことなどから放火事件と断定した」

この記事は、捜査幹部による「朝日新聞」への「一社リーク」だった。新聞記者は往々にして、親しい捜査幹部や日頃から世話になっているネタ元のリーク情報を、一刻も早く記事にしようとする傾向がある。記事にするのが遅れると、せっかくの情報を他紙に抜かれるだけでなく、次からリークしてもらえなくなる。そんな強迫観念が、リーク情報の検証に時間をかけるより、そのまま紙面化させることを優先させるのである。

かつて、松本サリン事件でも同じことがあった。

「第一通報者宅を捜索　調合『間違えた』救急隊に話す――松本のガス中毒死」という大見出しの誤報を「毎日新聞」は一面に掲載し、被害者のひとりであった河野義行を犯人扱いしていたのである。のちに、同紙が出したおわびと検証記事によると、警察庁幹部から社会部の警察担当記者にリークされた情報を鵜呑みにした結果、誤報を生み出していたことがわかる。

担当記者から送られてきた原稿を前に、本社社会部の当番デスクは、長野支局に情報の裏付けを取るよう要請。一方で、当番デスクと担当記者の間で、掲載をめぐって激しいやり取りがなされた。

「松本支局に東京本社から情報が飛び込んだ。『河野さんが〈調合を間違えた〉と話した』というもの。社会部記者も総動員で、同事件の報告が上がるとみられる関係当局を夜回り取材。その結果だった。だが、県警での情報の裏付けが取れなかった。締め切りが迫り、『極めて確度の高い情報だから』との声に押されるように送稿した」

松本支局が、「裏付けが取れなかった」と報告していたにもかかわらず、本社社会部のベテラン記者は、支局の新米記者などにまともな取材ができるはずがない。自分の情報は確かな情報源から得たもので、警察庁の高官からも裏を取っているとゴリ押しし、誤報を作り出していたのである。

東住吉の火災事件でも、「朝日新聞」大阪本社の担当記者は、同様に捜査一課のリーク情報を無批判に記事にしたことで、青木や朴だけでなく、その家族をも精神的に追い詰めていた。捜査幹部が創作した放火という火災原因を広く一般に流布し、二人にプレッシャーをかけるお先棒を担いでいたのである。

この記事が出た後、それまで青木に同情的だった周囲の目がガラリと変わり、妙によそよそしい態度になっている。ただでさえ愛娘を亡くした直後であり、精神的に不安定だった青木は、一層気持ちが落ち着かなくなった。そんななか、任意の事情聴取から帰ってきた朴は、疲れ果てた表情でこう言った。

「僕が重要参考人で、けいちゃんは共犯者だと刑事から言われた」――。

過熱する報道

いったいどういうことなのか。さっぱりわけがわからない青木は、思い余って高校時代の友人に電話をかけている。

「そしたらその友達が、弁護士事務所の広告の載った新聞の切り抜きを持って来てくれて、弁護士に相談したほうがいいとアドバイスしてくれたんです。30分で5000円だから、とにかく相談に行ったほうがいいからと。教えてもらった阿倍野の弁護士事務所には、私も行きたかったんだけど、めぐちゃんのお線香を切らしたらダメと思って、朴さんにひとりで行ってもらったんですよ。相談に行くにあたっては、取り調べられた日のことをメモにまとめて、これでちゃんと説明してきて、30分以内に切り上げないと5000円以上取られるからって行かしたら、名刺を2枚貰ってきたんですよ。いまは、まだ弁護士が出る時じゃないから、もし警察に捕まるようなことがあったら、この名刺の電話番号にかけて呼んでくれって言われたって」

その後も朴への事情聴取は続き、事件からひと月半後の9月10日、青木と朴は逮捕されている。

NHKは、「きょう二人を取り調べたところ、長女を殺す目的で放火したことを認めたため、今夜殺人と放火の疑いで二人を逮捕しました」と夜のニュースで速報した。翌日の新聞各紙の朝刊は、府警の発表そのまま、二人の犯行手順や動機を大見出しで書き立てた。

約2ヵ月前、火災原因を放火とスクープした「朝日新聞」への対抗意識からか、なかでも「毎日新聞」は、捜査員の「証拠なき確信」を大胆かつ詳細に報じている。

「調べでは、両容疑者は借金約四百五十万円の返済とマンション購入資金に困り、めぐみちゃんにかけた約千五百万円の保険金を手に入れようと計画。朴容疑者は七月二十二日午後四時五十分ごろ、めぐみちゃんが入浴中に、隣接の車庫の床にガソリンをまいてライターで火を付け、めぐみちゃんを焼死させた疑い。青木容疑者は朴容疑者に殺害を持ちかけていたという。

この放火で、めぐみちゃんは消防隊員に運び出されたが、全身やけどで間もなく死亡した。

捜査一課などは、火元の駐車場には火の気がなかった。両容疑者が近くにいたのに消火、救出活動をしなかった——などの不審点があったことから捜査。青木容疑者が火事の約一カ月後に保険金の支払いを請求していたこともつかんだ」「朴、青木容疑者は約五年前、青木容疑者が勤めていたスナックで知り合った。その後、青木容疑者と前の夫の間に生まれためぐみちゃん、長男（8つ）との四人で同居していた。

関係者の話では、青木容疑者にカードでの浪費癖があり、信販会社などへの月々の返済額は約二十万円になっていた」（1995年9月11日付）

スナックのホステスと客であった二人への偏見をベースに、浪費癖から借金に追われ、娘にかけていた保険金を得ようと自宅に放火。娘を助け出すどころか、その死からわずか1ヵ月後には保険金を請求した「鬼畜の二人」というイメージを、広く読者に印象づけるには効果的な記事であった。

大阪地裁の関係者によれば、一審、二審の裁判官たちの多くも、捜査員たちが創作したこのストーリーを頭から信じ込んでいたという。そもそも二人の逮捕状を請求した当時の捜査一課長もまた、火災班の捜査員に騙されていたのである。

大阪府警の元幹部は言う。

「あの事件は、すぐに逮捕したんじゃなくて、約1ヵ月にわたって捜査をし、町内に設置されていたどの消火器を、誰が使って消火活動をしたかすべて調べ上げている。ところが、青木の内縁の夫だった朴は、消火活動してへん。朴は、パンツ一丁で、火事や、火事やと騒いでいるだけやった。青木も、風呂に入っていた娘の救助活動してへん。任意の事情聴取の段階で、朴は、あらかじめ車から給油ポンプでガソリンをポリタンクに移しておき、そのガソリンを撒いて火をつけたと認めているうえ、給油ポンプの燃えかすも出てきたということやった。

それに朴は、電気工やってるといっても、在日で仲間がおらんから仕事を回してもらえへん。十分な収入がないにもかかわらず、マンションの購入を計画していて、娘の通夜だか葬儀の席で保険金の請求書類を保険会社の外交員から受け取っているわけや。それだけ証拠が揃っているなら大丈夫やと、一課長は逮捕状の請求を許可したと聞いている」

大阪府警の「実況見分調書」には、火災現場には家庭用給油ポンプの燃えかすがあった旨の記載がある。石油ストーブなどに燃料を入れる給油ポンプの燃えかすが火災現場から出てくれば、朴の供述を裏付けることになる。しかしこの給油ポンプに関する記述は、まったくの虚偽だった。

捜査員たちは、ありもしない給油ポンプの燃焼痕を確認できたと実況見分調書に虚偽記載することで、犯行ストーリーに整合性を持たせていたのである。そんな捜査員たちの心理を、朴龍皓の弁護団だった竹下政行弁護士はこう分析した。

「大阪府警捜査一課の火災班って、本当に野蛮なんですけど、大人二人と男の子は助かりながら、めぐみさんひとりが亡くなっている、これはおかしいと考えたようです。救助しなかったことへの疑問は、捜査員だけでなく消防官にもあったと聞いています。そんな疑念を抱えながら捜査をするなか、火災前に満タンにしたはずのホンダ・アクティの燃料計が4分の3に落ちていることがわかる。それで短絡的に車からガソリンを抜いてポリタンクに移し、そのガソリンを撒いて火を付けたと考えたようです」

竹下弁護士の話が続く。

「しかしこの燃料計は、火災などの熱で加熱されると燃量計の針を固定しているシリコンが軟化し、4分の3の位置まで針が下がる構造にあった。この事実は、弁護団の燃焼再現実験で実証され、再審裁判でも認められています」

ホンダ車からガソリンが漏れるわけはないとの先入観に捉われていた捜査員たちは、燃料メーターの構造を検証することなく、その針の位置から単純にガソリンを抜き取ったに違いないと想像を膨らませ、保険金目的放火殺人事件という凶悪事件を作り出していたのである。そしてその犯人をあげ、お手柄を立てる快感に酔いしれたのだろう。

あたかも神の啓示を受けたように事件構造を思い描いたものの、青木と朴の共謀を裏付ける物証はなかった。だったら「自白」で放火を認めさせろ。短絡的で野蛮な捜査方針が立てられたのである。

裁判での「実験」が示したこと

事件発生から14年後の再審請求審で、青木と朴の弁護団による「証拠開示申請」に応じ、検察が出してきた火災直後の車庫内を撮影した「写真撮影報告書」には、給油ポンプの燃えかすを確認できる写真は一枚も収録されていなかった。

また両弁護団による2度にわたる「燃焼再現実験」でも、朴の自供通りの放火は不可能であることが実証されている。

とりわけ2度目の燃焼再現実験は、当時、青木が住んでいた住居の設計図をもとに仮設家屋を忠実に再現し、部屋の間取りだけでなく、車庫替わりに使っていた1階土間の傾きや、土間に備え付けられていた風呂釜と排水口の位置に加え、火災当時と同じタイプで、製造年度も同じ風呂釜を用意しておこなったものだった。

この実験には検察事務官が立ち会い、朴の自供通り、ポリタンクから土間に7・3ℓのガソリンを撒いてからライターで火を付けるというものだった。ただ、揮発性の高いガソリンを使っての実験のため、鹿威《ししおど》しのような装置を作り、遠隔操作でポリタンクを徐々に傾けながら土間にガソリンを撒いていったところ、撒き始めてから約20秒で風呂釜の種火に引火し、さらにその約4秒後には火の海に包まれた。7・3ℓのガソリンを撒き切るはるか以前に、ライターを使うまでもなく爆発的な燃焼が発生していたのである。朴が、本当にライターで火を付けていれば、焼死していたか、さもなければ大やけどを負っていなければならないが、髪の毛をわずかに焦がしただけだった。

弁護団は、これとは別にもうひとつの実験を行っていた。燃料漏れが生じたことのあるホンダ・アクティの同型車を全国から4台集め、満タンにした状態で10分間エンジンをかけて止めたところ、給油口の蓋をしっかり閉めていても3分後にはガソリン漏れがはじまったのだ。ホンダ・アクティの給油口と給油キャップには構造上の問題があって、満タン状態だとエンジンの余熱で燃料タンクのガソリンが膨張し、給油キャップから漏れるという現象が起こっていた。実験での計測では、漏れたガソリンの量は230cc～350ccにものぼった（その後、ホンダは同車種の給油キャップを含めた設計を変更している）。

この時、実験に使ったホンダ・アクティは、1度目の燃焼再現実験がテレビ朝日の報道番組「ザ・スクープ」で取り上げられたことで入手できたものだった。放送後、同じホンダ・アクティの所有者から「ウチの車からもガソリンが漏れる」との複数の情報が寄せられ、弁護団が所有者などと交渉し、提供してもらうなどしたものだ。

裁判所は、これらの実験結果を「無罪を言い渡すべき明らかな証拠」として採用し、ようやく再審裁判の開始が決定されたのである。すでに逮捕から17年が経っていた。

しかしなぜ、青木は、やってもない犯行を「自白」したのか。その時の心理状態をこう語った。

「何を言っても信じてもらえないし。怒鳴られて、ののしられて、侮辱されて。私にしたら、娘を亡くしたばかりでしょう。一番弱ってますよね。娘の死を悲しむ時間まで奪われたうえ、お前みたいな奴が母親で、めぐみも可哀想やとまで言われて。なんなんだろう、これはって思いましたよ」

底の見えない絶望感へ突き落としたのは、捜査員の次のひと言だった。

「朴さんが、めぐちゃんに性的虐待を加えていたと言われたんですよ。ガーンと頭殴られたみたいな衝撃で、私にしたら止めを刺されたようなもんですよ。助けられなかったうえ、気づかなかったわけだからね。

私は、子供を幸せにしてあげたいと思ってるのに、そんな不幸なね。毎日、恐ろしい目にあってたんだと思ったら。こんなことにも気づかず、私は、子供は幸せなんだと思い込んでいた。そんな自分が情けなくて、すごく追い詰められたわけですよ」

冤罪を晴らしたのち、青木が著した『ママは殺人犯じゃない』によれば、取り調べにあたった坂本信行巡査部長は、こんな下卑た言葉で青木を責め立てていた。

「坂本刑事が『朴がめぐにいたずらしてたの、知ってたやろ』と言ってきました。それを聞いた私は、なにをアホなこと言ってるのかな？　と信じられない気持でしたが、さらに坂本刑事は『S（註・長男）でも知ってるのになんでお前が知らんのやろな』『お前知ってたやろ、三角関係の縺れで、女としてめぐみを許されへんから、殺したんやろ』とか、『取り合ってたんか』などと言われ、私はその言葉にショックを受けてしまい、何も考えられなくなって、頭の中は真白になり、パニック状態でした」

朴によるめぐみへの性的虐待を男女関係にすり替え、男を寝取られた青木が、娘のめぐみを憎み、殺害を持ちかけたという犯行ストーリーを仕立て上げていたのである。これなら実の娘を殺すという異常な犯行動機も合点がいく。まして二人は、借金苦に喘いでいたのだから、保険金が手に入れば一石二鳥ではないかと――。

司法解剖の結果も、「死後半日から二日前くらいの間に性的虐待があった可能性は否定できない」と報告されていた。捜査員はこの報告をテコに、まず、朴を追及し、性的虐待を認めさせている。そしてその恥ずべき行為をマスコミに公表すると脅し、暴行を加えるなど肉体的、精神的に追い込んだうえで、取り調べ刑事の言いなり通りの自白をさせていたのである。

茫然自失となった青木は、「めぐちゃん、ごめんね」との思いが頭から離れなかった。追い打ちをかけるように、刑事は、助けられなかったのは殺したも同じやぞ、と畳みかけた。ああそうだ、助けられなかったわけだから、やっぱり私が殺したことになるんだ。私は死んで、めぐみちゃんに会って、ごめんねと言わなければならない。その思いに捉われ、青木もまた、やってもいない犯行を自供し、刑事に言われるまま「自供書」を書いていた。自ら手にとったペンで書く「自供書」は、「自白」の内容を記載した「供述調書」より重い。

狡猾な取り調べ

捜査刑事たちは、証拠価値の高い「自供書」をとることで、何としても青木と朴を犯人に仕立て上げたかったのだろう。起訴に持ち込めなければ、せっかくのお手柄もフイになるだけでなく「誤認逮捕」としてマスコミから批判され、職場の同僚からも白眼視される。歪んだ名誉欲と保身からの計算をし尽くしての、狡猾な取り調べであった。

「刑事から紙を渡され、まずは題名書こうって言われるわけですよ。そんなこと言われても、わかんないしね。すると、刑事が題名言うわけですよ。言ったこと書けって言われても、全部聞き取れないでしょう。途中で止まったら、認めたくない気持ちはわかるけど、めぐみに悪いと思ってこれを書かなあかんって言って、題名の続きを言うわけですよ。

そのあと内容にいくわけです。この内容って、本当のことも入ってるわけですよ。たとえば、家が火事になりました。当たり前でしょう。そしてめぐちゃん、19歳の時に産みました。これも合ってるわけですよ。だから、合ってる中にポツンと犯行の状況を入れるわけです。いまでもね、その時書いた内容覚えていますかって言われたら、覚えてないんですよ」

ただ、最終的に三角関係の件《くだり》は、起訴状には盛り込まれなかった。その理由を、前出の竹下弁護士はこう分析する。

「朴さんのめぐみちゃんへの性的暴行を青木さんが知っていて、めぐみちゃんと男の取り合いをしたというややこしい話は、いくら何でも無理があると気づいたんでしょう。だから三角関係のもつれからというストーリーは外すんです。かわりに、めぐみちゃんは幼い時に前夫の実家に預けていて、自分では育てていない。愛情が湧かないので、保険金のために殺すことにしたというあらたなストーリーを作り上げたのです」

いったんは「自白」した青木だったが、その後、一転して否認を貫いた。一種のマインドコントロールにかかっていた青木を、正気に戻してくれたのは、留置場で同室だった覚醒剤で逮捕された女性だった。連日夜遅くフラフラになって帰ってくる青木に、この同房の女性は同情したのだ。

「長時間の取り調べで、私がぜんぜん部屋に帰れないから、彼女、私の洗濯物なんかやってくれるんですよ。そんなんで少しずつ話すようになって、私、やってないんだけど、こんな目にあって、わけがわからないと言ったんです。じゃ、がんばらなあかんよって励ましてくれたんですよ。本当にやったんなら仕方ないけど、やってないのに認めたら天国にいる娘さんが可哀想だし、いま待ってる息子さんはどうなるの。やってないんだったら、子供のために頑張らなあかん。弁護士信じてがんばりって言われてね。そこで、ふっとね、子供という言葉で我に返ったんですよ。そうだな、めぐちゃんと息子のために、やってないのにやったと言ったらあかん。自白なんかしたらあかん。明日からは絶対に自白しない。頑張るという気持ちになって、次の日から自白しなかったんです」

刑事によって散々痛めつけられてきた青木は、検事に対しても不信感を解くことができず、取り調べ検事にも否認を貫いた。起訴される前日、調書は作らないという約束のもと、はじめて事件の当日の行動について話したところ、担当の内田武志検事はこう言った。

「もっと早くに話してくれていれば。おかしなところがたくさんあるから、いろいろ調べることもできたのに」。さらに起訴後もこう告げている。「あなたを完璧に有罪と思って起訴するわけではありません。状況証拠から、まあ、いけるだろうと思っています。そして、あなたがもし無実なら、弁護士さんと頑張って下さい。私があなたの弁護士だったら、闘う方法があります」

捜査をやり直す必要性を感じながらも、しかしこの検事は、法技術上有罪にできる公算が高いとして、ひとつの仕事を片付ける手続きとして起訴を行っていたのである。

検察に対して「無批判」

往々にして、マスコミで大きく取り上げられながら、捜査が行き詰まった事件の場合、厳しい取り調べが行われる。元大阪高裁裁判長の石松竹雄は、『刑事裁判の空洞化』のなかで、そんな捜査の恐ろしさを指摘している。

「捜査官としての見通し・見込みを立てたうえ、被疑者を……長期間徹底的に取調べ、その見通し・見込みに沿った自白を追及して詳細な供述をさせ、これらの供述を含む捜査の結果を、その見通し・見込みに従って整理し詳細に調書に録取して固定化し」「これらの証拠が採用されれば、直ちに有罪判決をすることができる状態になっている」

青木らへの捜査は、まさに石松が指摘する通りのものだった。

元東京高裁裁判長も語っている。

「供述調書を見る時は、最初の調書と2通目を見比べて、2通目で本当は何を取りたかったんだろうかと、詮索する。最初のは、捜査員の意図通りの供述をうまく調書に取れなかったからじゃないか。じゃ、その先の調書ではどうなってるのと見る。

何通重ねた調書でも、かなりの部分は同じ内容が多いんですよ。それなのに本人を連日呼び出した狙いはなにかとか、詮索してみなくちゃならない。見抜くために、乗せられないために背後の事情を読み取るのが刑事裁判官のあるべき姿なんです」

裁判官には、証拠の価値評価や、その採否を「総合的、直感的」に自由に決定できる権限が与えられている。自由心証主義といわれるこの特権は、かりに「冤罪」を生み出したとしても責任を問われることはない。

そんな気楽さからか、青木らに有罪判決を下した地裁の裁判長も、その判決を支持した高裁の裁判長たちも、「自供書」や「供述調書」に隠された捜査員の意図を見抜こうとしなかった。単に、法廷での公判担当検事の主張を無批判に受け入れ、「冤罪」を生み出していたのである。

当時の大阪地方裁判所刑事部では、こんな会話が飛び交っていたという。

「自然発火と言ってるぞ」
「そんなのウソ。ありえへん。何をいまさら言い訳してるんや」
「主犯の男は、亡くなった娘に性的暴行加えてるしな」
「母親が知らないわけがない。完全にクロ」
「反省でもしてれば有期懲役だが、白々しい弁明を重ねるなら無期」

二人の必死の叫びは、まったく聞き入れられることなく、裁判官たちは鼻でせせら笑っていたのである。

実際、大阪地裁で青木を裁いた毛利晴光裁判長はこう断罪した。

「当時の収入は、……家族四人の暮らしとしては、多少切りつめてやりくりすれば大変でもないが、被告人は、キャッシング等他からの借入れを頻繁にしながら、結構ぜいたくな暮らしを送っていたこと」「より楽な暮らしがしたいがために、手っ取り早く大金が手に入ることを考えるということも、あながちあり得ない話ではないことなどにかんがみると、経済的な犯行動機など到底考えられないとはいえないのであり」「既にめぐみに掛けられていた生命保険があることを奇貨として犯行に及んだというものである」「被害者（めぐみ）は母親から愛情を与えられず、理不尽に死に追いやられており、まことに哀れだ。悲しみに暮れる母親を装った青木被告の刑事責任は重い」

同じく大阪地裁で、朴を裁いた川合昌幸裁判長も判決文に書いている。

「金のためなら子供の命すら奪うという被告人らの非人道的態度は、いかに厳しく非難しようとも非難し過ぎるということはない」「捜査段階においては本件各犯行を悔悟し反省する態度が見られたのに、公判段階では不合理な弁解を縷々並べ立てており、結局のところ、ひたすら自己の罪責を免れようとの一心しかなく、自己の犯行を反省し被害者の冥福を衷心から祈ろうとの人間らしい心情に全く欠けるものといわなければならない」

ただ、陪席裁判官のなかには、合議の場で無罪ではないかと主張した人も複数いた。しかし彼らの意見は、経験不足からくる未熟な判断と裁判長に退けられ、それでも無罪意見に固執した陪席裁判官は嫌われ、干されることになったという。また、控訴審の裁判長のなかには無罪説をとる人もいたというが、異動などによってその判断が示されることはなかった。

幻の反対意見

実は、最高裁判事のなかにも、ひとり、青木らの無罪を確信する裁判官がいた。

２００５年10月からはじまった最高裁の上告審で、大阪弁護士会会長から最高裁入りしていた滝井繁男は、青木らの無罪を主張していたのだ。滝井は、青木恵子の審理を担当した第二小法廷の裁判長だったが、５人の判事からなる同小法廷の判事４人が青木を有罪と認定すると、ひとり反対意見を書いた（朴龍皓の上告審は第三小法廷で審理）。

Ａ４用紙24枚に及ぶ意見書は、「すべての証拠によっても、被告人が共謀によって本件犯行を行ったとするには、なお合理的な疑いが残る」「これを破棄しなければ著しく正義に反する」と述べている。

有罪の決め手となった青木の「自供書」には、「秘密の暴露に当たるものはない」うえ、浪費癖から借金が嵩み、保険金殺人を思いついたとする動機にしても不自然、不合理であると指摘している。

「本件公訴事実は、被告人が現に養育している幼い娘を殺害し、同人のために掛けていた生命保険金を詐取しようとしたという極めて特異なものである。親が子を殺害するという例も稀ではないが、本件のような特異な事件においてはそれだけの動機があるはずであって、犯行自体と共にその動機が解明されるのが普通である。本件は、その方法も自宅にあった車の下にガソリンをまいて放火することによって焼殺するという異常なものであって、そのようなことを敢行するだけの動機があったか、その動機自体の合理性はもとよりのこと、そのような動機が形成された要因が果たして当時の客観的状況と符合しているかが情況証拠によって認定されるかを検討することが自白・自供の信用性が争われている事件においては、とりわけ重要であったと思われる」

滝井判事は、動機と犯行の関係が解明されていないだけでなく、借金苦から逃れ、より楽な暮らしがしたいとした経済的理由にしても客観的状況と符合していないと指摘。ほとんど痛ましいほどの誠実さをもって、反対意見を書き継いでいる。

「確かに被告人はクレジットやカードローンを利用しており、そのことは浪費と結び付けて考えられやすいものである。しかしながら被告人がそれを利用したのは朴の収入が給料生活者のように定期的なものではないため、不足時にこれを利用したというのであって、その利用を直ちに浪費と結び付けることのできるものではないのである。

むしろ、記録によれば、被告人は毎日三食の食事内容と出費を克明に記録する家計簿を付けており、これを本件火災後も付け続ける几帳面な性格の持主である」「この家計簿によれば、被告人は、毎月、項目別に支出を整理し、支払いの予定を立てた上、必要によって生じた借金の返済も計画的に行おうとしていたことが窺われるのであって、これによってみる限り、被告人が浪費癖の持主であるとは到底認めることができないのである」

このような丹念な事実審理を行っていない一審の毛利裁判長は、犯行は借金苦など経済的動機によるものとして、「負債は自動車ローン等で総額四〇〇万円を超えていた」と判決文に書いた。しかしこの400万円の大半は、朴が仕事でつかっていた軽ワゴンと、青木が日常生活で使っていたマイカー・ローンの残金であって、サラ金のように金利がどんどん膨れ上がるものではなかった。まして返済が滞ったことはなく、貯金もあり借金苦とは言い難い普通の生活を送っていたのである。

また、死亡しためぐみは、母親である青木から愛情を与えられていなかったとする一審判決も事実に反していると、滝井は断じた。

「記録によれば、被告人はめぐみの担任の教師からめぐみの書字能力や算数能力が劣っていると言われたことから習字やそろばんの塾に通わせ、そのために車で送り迎えまでしていること、めぐみに高校入試の苦労をさせないため、中高一貫の私立中学に入学させたいと考えそのための資料を入手しようとしたり、家庭教師を付けたりもしていることも窺えるのである。これらも世間体のためであり、家庭内では憎しみ合っていたなどということは到底考えられないのである」

めぐみの死亡後に、「平然と保険会社に保険金の支払請求をしている」との一審の認定にしても、客観的状況を検討することなく、安易な先入観と予断で犯行と結び付けているとしてこう批判した。

「確かに、保険金受取人が事故後直ちに保険金請求の手続を照会することは事故への関与を疑われる事情になり得ることであって、本件が娘の死であることを考えれば少なからず意味を持ち得ることである。しかしながら、本件について被告人は毎月到来する保険金の支払時期が近いことからめぐみの死亡の事実を保険会社に伝えようとして電話したところ、担当者が留守で、その後に担当者から電話があり、その中で保険金請求の手続の話が出たというのであって、そうだとすれば、そのことを直ちに被告人の犯意の推認の資料としうるものではないのである」

洞察力に富み、事実に基づき、適正かつ冷静に分析された滝井判事の反対意見は、しかし陽の目をみることはなかった。最高裁判事をサポートする調査官が、その公表に難色を示したからだ。

調査官は、戦後の新憲法のもとで発足した職制で、最高裁の刑事調査官室、民事調査官室、行政調査官室に、最優秀のエリート裁判官が総勢30名程度配属されている。その刑事調査官室のひとりが強硬に反対したのだ。

「朝日新聞」の特別紙面（『The Asahi Shimbun GLOBE』）によれば、担当調査官は、裁判長で主任裁判官の滝井に対し「主任が有罪の結論に反対の場合、全体の意見を誰がどう書くのか前例がない」として、その公表を阻んでいた。

70歳の定年退官が近づいていた滝井は、なんとか判決期日を決め、自身の反対意見を世に示そうとしたが叶わなかった。滝井の定年退官から約1ヵ月後の２００６年12月11日、第二小法廷は青木の上告を棄却している（朴の上告審は、2006年11月7日、第三小法廷が棄却）。

誤判を下した裁判官の出世

滝井と親交の深かった元東京高裁裁判長で、弁護士の木谷明は言った。

「滝井君、ずいぶん怒ってましたよ。東住吉事件で反対意見を書こうと思って、ここを調べろ、あそこを調べろといっても、あまり調査官が協力しなかったって。だからひと夏かけて、自分で記録を調べてましたね」

別の元高裁裁判長も、苛立ちをにじませながら語っている。

「調査官なんてね、ぼくから見ると、地裁の右陪席のちょっと上、高裁でいえば左陪席ぐらいの若さでしかないんですよ。それが調査官室に入った途端、エリート然としてデカそうなことをあれこれ言い出す。言い得た義理かといった感じですよ」

元高裁裁判長の話が続く。

「調査官は、裁判官の身分を外した行政官という扱いなので、裁判官の独立と違って、組織の意向に沿って動く。彼らは、同じ最高裁判事でも、行政官や弁護士など外部から最高裁に来た人たちの意見が多数意見にならないよう腐心するんです。かりに、外部の意見で最高裁判例が出来てしまうと、将来、下級審に指針を出す場合、それまでの判例との統一性が取れなくなる可能性がある。だから、調査官室で意見調整するんです。上司に調整してもらった意見は、おいそれとは崩せないという気になるんでしょう。しかし滝井さんが、こうすると言って、はっきりした路線を出せばそれは消し飛ぶんですよ。なんといっても調査官に過ぎないわけですから」

元最高裁判事の田中二郎が、『日本の司法と行政』のなかで述べているように、実際の運用ルールも、「主任裁判官が反対意見とか、反対側に回るときは、長官が全体の意向を斟酌して、多数意見の裁判官の中から多数意見の判決案を執筆する人を指名」することになっている。

弁護士から最高裁入りした滝井は、このような仕組みがあることを知らなかったのだろう。それをいいことに調査官は、滝井の反対意見を封じ込めていたのである。

幻に終わった滝井の反対意見から10年後の2016年8月、ようやく大阪地裁の西野吾一裁判長は、再審裁判で青木と朴に無罪判決を言い渡した。

同判決文は、朴の自白に対し「首を絞められるなどの恐怖心を抱くような取調べをされたり、本件を否認すれば長女との性的関係を公にすることを示唆されたり、……被疑者が心理的強制を受け、その結果虚偽の自白が誘発」されたおそれがあるとして、「自白には任意性が認められない」とした。

また青木の自白に対しても「当初から過度の精神的圧迫を加える取調べが行われ、被告人において虚偽の自白をせざるを得ない状況に陥ったとの疑いが合理的なものとして認められる。したがって、被告人の自白に任意性を認めることはできない」と述べた。そのうえで、「被告人の各自白には証拠能力が認められず」「本件火災が自然発火によるものである可能性が合理的な疑いとして認められるから、……被告人が本件各公訴事実記載の犯行を行ったことも認められない」と言い渡した。青木らを犯人としてきた「自白」のすべてを、証拠から排除したうえでの無罪判決だった。

この再審無罪判決が出る半年前、一審で朴龍皓を有罪と「誤判」した川合昌幸裁判長は、広島高裁長官に栄転している。管内33の高裁支部、地裁本庁などを束ねる高裁長官は、天皇によって承認される「認証官」で、最高裁長官と最高裁判事に次ぐ地位にある。

長官着任後の記者会見で川合は、いみじくも「自分は間違える人間だと思ってやってきた」と語っていた。

また、青木惠子を裁いた毛利晴光裁判長は、再審無罪判決から約2ヵ月後、長崎家裁所長を最後に定年退官した。エリートコースを歩んできた毛利が、川合に比べさほどの地位を得られなかったのは、東京地裁裁判長時代の2006年2月、書面による厳重注意処分を受けたことによるとされている。毛利は、少年法の規定で家裁送致しなければならない少年を、捜査機関の求めるまま不当な勾留を認めていたのである。

一方の青木惠子は、出所後、愛娘めぐみに性的虐待を加えていた朴と決別。亡き娘の霊を供養しながら、一枚3円でチラシを各家庭の郵便受けに投入するポスティングの仕事と、新聞の集金人を務めながらつましく暮らしている。青木は言った。

「これだと月4万4000円ぐらいでしょう。最低でも6万円稼ぎたいなぁと思ってるんだけど、うまくいかないんだよね」

冤罪によって奪われた時間の空白は、懸命に生活の基盤を築こうとする彼女の背中に、いまも重くのしかかっている。

第十一章　ねじ曲げられた裁判員制度

批判をかわすための改革

21世紀の司法が果たすべき役割を議論するための「司法制度改革審議会」は、１９９９年7月から約2年にわたり開催された。その意見書をもとに、「法曹人口の大幅増員」「裁判員裁判」「日本司法支援センター（法テラス）」「法科大学院」などの制度があらたに作られたが、最も象徴的だったのは第七章でも触れた「下級裁判所裁判官指名諮問委員会」であろう。

下級裁判所裁判官指名諮問委員会ができたおかげで、10年ごとに地裁や高裁の裁判官を対象に再任か再任拒否かを決める審査の透明性が担保されることとなった。それまでブラックボックス化していた裁判所内での単独審査から、裁判官、検事、弁護士のほか学者、ジャーナリストなどから構成される同諮問委員会によって、その適格性が判断されるようになったからだ。かつてのように能力や適性と関係のない、思想、信条などで裁判官の身分を奪われることはなくなったのである。

裁判官の身分保障を名実ともに確かなものとするこの制度は、理不尽にもその身分を奪われた元裁判官と、不本意ながらその身分を奪った元最高裁人事局長が30年という時を経てもたらしたものだった。１９７１年4月、「平賀書簡」流出の犯人とされ、理由を告げられることなく再任拒否となった熊本地裁の判事補だった宮本康昭と、その宮本に再任拒否を言い渡した人事局長でのちに第11代最高裁長官となる矢口洪一である。

かつて激しく対立した二人は、運命の不思議な巡り合わせによって司法制度改革の陰の立て役者となり、共に協力しあうことになった。

二人が成し得たもうひとつの成果が、国民の司法参加をもたらした裁判員裁判である。そしてもっとも希求しながら成し得なかったのが、裁判官を弁護士や検事経験者から採用する法曹一元であった。法曹一元が実現していれば、裁判官は経験を積んだ弁護士と検事からしか採用されず、最高裁が独自に司法修習生の中から採用し、10年かけてキャリア裁判官を育成する判事補制度は廃止を余儀なくされていたのである。

成功と失敗に終わったふたつの改革は、もともと矢口洪一が長官時代に構想したものだった。とりわけ裁判員裁判については、その元となる陪審制度の研究を長官として命じている。「陪審制」は、米国、英国などで採用されている裁判制度で、裁判官ひとりと市民から選ばれた陪審員10人前後で裁判体を構成。有罪か無罪かの判断は陪審員だけで行い、裁判官は法律解釈のアドバイスをし、有罪と認定された場合に量刑を決める制度である。

これ対し現在の裁判員裁判は3人の裁判官と、一般市民から選任された6人の裁判員で構成される。有罪、無罪の判断は全員で合議したのち、過半数の意見によって決定されるが、有罪判決はそこに裁判官が1人以上入っていないと成立しない。つまり、裁判員の意見だけでは有罪にできないという仕組みだ。有罪の場合、量刑もまた同じルールのもと決定される。

矢口が退官後に著した『最高裁判所とともに』によれば、「陪審制度」の導入を唱えたのは「法律技術の専門家が必ずしも良き裁判官ではない」「良き法律家が良き裁判官であるためには、その前に良き常識人、良き社会人でなければならない」との問題意識があったからだ。裁判官に、良き社会人としての常識を身に着けさせるには、一般国民の司法参加が欠かせないというわけである。

しかしこれはあくまで建て前であって、本音は別のところにあった。

最高裁事務総局勤務が長く、矢口の人となりを熟知する元最高裁判事の泉徳治は、その本音について『一歩前へ出る司法』のなかで解説している。

「陪審制度導入は矢口さんが言い出したことなのです。これは独特の政治感覚ですね。死刑判決が再審で無罪になった事件が四件もあり、職業裁判官は何をやっているんだという話になりましたね。これが陪審裁判だと、国民が判断したことになるので、仮に再審で無罪となっても、批判の矛先が裁判官ではなく陪審員になる、裁判官は批判をかわすことができる、という政治感覚です」

矢口が長官に就任する2年前の１９８３年には「免田事件」で死刑囚となっていた免田栄が、そして翌84年には「財田川事件」の谷口繁義と、「松山事件」の斎藤幸夫の二人の死刑囚も再審裁判で無罪となっている。さらに長官在任中の１９８９年には「島田事件」の赤堀政夫死刑囚もまた再審無罪となった。

当然のごとく最高裁は国民からの厳しい批判に晒され、その風圧をまともに受けることになった矢口は、誤判による非難を回避できる仕組みとして陪審制を構想したのである。

矢口の勇名を轟かせたのが、人事権を背景にした強権的な司法行政だったとすれば、この種の政治感覚によるリスク管理能力は、その威厳を不動のものとした。身内をも欺きながら目的を達成する戦略に、最高裁の中枢を担うエリート裁判官たちが気付くのは、定年退官後のことだ。

元札幌高裁裁判長で北海道大学法学部教授だった渡部保夫も、矢口の本音に気付いていれば、また別の評価になっていただろうが、素直に陪審制の導入に賛意を示した。

「職業裁判官と異なり、陪審員は、証拠の評価や事実に関する洞察力について過大な自信をもつことはない。そのため、『本当に間違いない』と考えた時しか有罪の評決をしない傾向がある」

法律論に縛られることなく、常識と良識でもって真実を見極めようとすれば「誤判」が生まれる確率はグッと減るというわけである。

「陪審制度」や「参審制度」の調査研究のため、米国、フランス、ドイツなどに派遣された裁判官たちもまた、矢口の本音を知らされていなかった。彼らは法律実務家として、素人が法廷に入ってくることへの強いアレルギーがあったため、皆が皆、帰国後、陪審制度について否定的レポートを書いている。ちなみに参審制度とは、基本構造は裁判員裁判と同じで、任期が参審員の場合は一定期間決められているのに対し、裁判員は事件ごとに異なっているという違いがある程度だ。

「司法が一流扱いにされていなかった」だけでなく、どちらかというと霞が関で見下されてきた感のあった最高裁を、誤判のリスクから守り、当時の大蔵省や通産省と対等の地位に引き上げようとしていた矢口は、それら調査報告書を読んで失望したと突き放した調子で述べている。

「陪審の研究というのも、やりたいと思ってやったんです。ただ、長官になってしまいますと——総理になると、自分の思う通りに全部ができないことと同じだと、つくづく思いました。陪審の研究をすることは、いいんです。『やれ』と言ったら、事務局は反対しないんです。しかし、実際の研究員の指定まではできませんから」「裁判員制度をどのようにして実施しようかという検討ではなくて、裁判員制度の可否の検討をしている感じがしないでもありません。……組織が、自分自身を守るという本能的な特性でしょう」

さらにこう続けている。

「むしろ、陪審員は味方ですよ。……陪審員でも裁判員でも、あれは自分に付いてくれて、自分を守ってくれて、自分の意見を固めてくれる人たちだと思うべきです。そして、何か他人が文句を言ったら、『陪審員も入って決まったんだから』と言う。こんないいことはないじゃないですか」

矢口のコンプレックス

若い時代から矢口をよく知る元裁判官は、裁判員裁判導入の裏に隠された本音について「信じがたい」と呟くと、嫌悪の表情を浮かべながら言った。

「無責任だねえ。裁判を受ける側からすれば許せないじゃない。『陪審制度』を提唱したのは責任逃れが目的で、『誤判』があっても当方は知らんよと言えるためだったというのは。当時、われわれになされた説明は、職業裁判官だけではモノの発想力に弾力性が欠ける。いろんな人材を裁判所にも吸収すると、まあ、そんなことを言ってたよ。僕は、矢口さんの本音を隠すための表面的説明だと当時から思ってたけど、それが責任逃れだったとは想像もしなかった」

人の思いは複雑で、一面的な考察では到底とらえきれないところがある。矢口の思いもまた、複合的であった。

「誤判の際の責任転嫁もあるでしょうが、もうひとつ、矢口さんのコンプレックスが陪審制度を唱えさせ、それが裁判員裁判に繋がったんだと思いますね」

こう前置きして語るのは、前出とは別の矢口をよく知る元裁判官だ。

「矢口さんは、マスコミに弱い人でした。法廷での写真撮影を一定程度認めて記者の受けをよくする。人気取りというか、世論に迎合するというか。そういう傾向が若い頃から強い人でしたね。その理由のひとつは、裁判実務をやっていない負い目だと思います。司法行政をやって長官になったものの、司法行政しか誇れるものがない。裁判官として後世に残せる実績というものがないので陪審制の導入を考えたのでしょう。でないと、単なる管理者で終わってしまい長官になった意味を見出せなくなる」

陪審制度の導入を主導したものの、しかし矢口は、長官時代にその思いを叶えることはできなかった。陪審制が裁判員裁判と形を変え実現するのは、定年退官から19年後のことである。

その間、裁判員制度の話が立ち消えることがなかったのは、日弁連の司法改革実現本部事務局長として宮本康昭が、矢口とは別の目論見のもとバトンを引き継いだからだった。宮本は、文字通り、国民の司法参加が裁判所を変える潮流になると思っていた。

感慨深げに宮本は回想する。

「長官時代の矢口さんが、『陪審制』を提唱しだした時の発言を聞いていて、いまが改革のチャンスだと思ったんですね。そうこうするうち、日弁連会長に立候補した中坊公平さんから、司法改革についての助言を求められた。私の再任拒否も含め、『司法の危機』と言われた時代に、裁判所の諸悪の根源が司法官僚制にあると気づかされて以来、司法官僚制を壊さなければダメだというのが、私にはありましたから。二つ返事で引き受けました」

中坊公平は、森永ヒ素ミルク事件で被害者の救済にあたったり、金の地金を販売するとして現金をだまし取る悪徳商法で摘発された豊田商事の破産管財人として、同社従業員の高額給与の所得税を当時の大蔵省から回収して被害者への返還金に当てるなど、消費者問題を弁護活動のフィールドとしてきた。

日弁連の会長選挙に立候補するにあたって、陪審制による国民の司法参加や法曹人口の大幅増員など、司法制度改革を公約に掲げたものの予備知識はなく、当選後あわてて改革プランを作らねばならなかった。そのブレーンのひとりとして招かれたのが宮本だった。

「中坊さんは、私が20年近く一貫して『官僚司法体制』の改革を唱えていたことに親和性を感じたようで、司法改革の課題と組織の構想を設計して欲しいと言って日弁連のなかに『司法改革に関する組織体制等検討会』を作り、私を委員長に指名した。で、半年ほどでプランをまとめあげました」

並行して宮本は、中坊に陪審制度の仕組みや、司法制度改革でなすべきことなどの基本知識について週1回ペースで、ハードなレクチャーをおこなった。

中坊の司法制度改革にかける意欲は、2年の会長任期を終えても冷めることなく、会長退任にあたって日弁連に「司法改革推進本部」を立ち上げている。そして本部長に日弁連の新会長を据えると、自身は本部長代行に就任し、宮本を事務局長に指名したのである。その直後、宮本は、現職の裁判官たちとの内々の集まりで、司法制度改革にかける自身の意気込みをこう語った。

「中坊さんは司法のことは何も知らない。しかしすごいエネルギーを持っているのは確かです。だから、これからは中坊さんが機関車で私がその機関士です」

翌日には早速、この発言を聞きつけた中坊から宮本に電話が入った。幾分言いすぎたとの思いがあっただけに、「バカにするな」と怒鳴られるかと思いながら受話器を握りしめると、中坊は上機嫌で言った。

「ようお言うてくれた、あんたがそれだけ肚を固めてくれたらわしも安心じゃ」

些事にこだわらない態度と、改革にかける意気込みにすっかり感服した宮本は、以後、司法制度改革の全過程で中坊を支え続けることになる。

当時を懐かしみながら宮本は語を継いだ。

「日弁連が『司法改革宣言』を公表し、改革の必要性を社会にアピールしたところ、まず、財界が反応するんです。経済同友会が発行した『現代日本社会の病理と処方』という報告書で司法改革の重要性をはじめて書いた。それに影響を受けた経団連も、司法改革を唱えだす。そうなると自民党も動かざるをえなくなったというわけです」

この頃になると中坊は、元最高裁長官の矢口とも親しく意見交換するようになり、矢口は最高裁から「裏切り者」呼ばわりされるようになる。

財界に背中を押される格好で小渕恵三首相が、改革の具体的内容を検討する「司法制度改革審議会」を立ち上げると、中坊に委員を委嘱した。その際、中坊は、京大の後輩で京大名誉教授だった佐藤幸治を同審議会会長に押し込んでいる。

日弁連副会長として中坊を支えた弁護士は、この会長人事は、中坊と矢口の連携プレーだったと明かした。

「当初、審議会の会長は民訴法学者で法務省の法制審議会会長だった竹下守夫さんでほぼ固まっていたのですが、それを中坊さんと矢口さんで引っ繰り返した。まず矢口さんが、佐藤さんを呼んで、『運命や。お前、やれ』といって会長を了承させる。その後中坊さんが小渕内閣の官房副長官だった古川貞二郎さんに話を通し、弾き出された格好の竹下さんを会長代理に据えたのです」

法務省の「工作」

中坊と矢口、そして佐藤の3人はこれ以降、京都の中坊の実家、料亭旅館の「聖護院御殿荘」に集ってはしょっちゅう作戦会議を開くことになる。会議での中心課題は裁判員裁判の実現と判事補制度の廃止だった。

先にも触れたように、判事補制度が廃止されるということは、裁判官の供給源を経験を積んだ弁護士と検事に限定することである。最高裁にしてみれば、従来からの人事制度を根本から変更しなければならなくなる。到底、受け入れることのできない改革案であった。

しかし矢口は、判事補制度を世間知らずの裁判官を生み出す旧弊と考えていて、退官後、ことあるごとにその廃止を唱えている。

「『原則として一人で裁判することができない』裁判官が判事補ですが、これはあくまで戦後の過渡的なものと考えるべきでしょう。すでに憲法50年、廃止されるべきです」

また、こんなふうにこき下ろしたこともあった。

判事補に採用されたからといって24歳や25歳で裁判官だと言うのはやめたほうがいい。せめて、40歳過ぎぐらいになって言うのがいい。私は、判事補制度には反対です。そして、あらゆる階層から判事を採ればいい。俺たちでなければできない。訓練しなければできないなどと言うのは、どうかと思います。だいたい、今のような判決を書かなければいけないことはないんですよ。あんな分かりにくい判決はないじゃないですか。20年ぐらい裁判官をやっていたら、世情なんか全然わからなくなるのではないでしょうか——。

矢口が理想としたのは、米国のように経験豊富な弁護士から裁判官を採用し、社会通念を基礎とした判断を下す裁判官だった。判事補制度では、従順で均質化した裁判官は養成できても、それゆえ法規の適用にあたって、楊枝で重箱の隅をほじくりかえすような情味に欠ける判断となりがちと考えたのであろう。言い換えれば裁判員裁判によって、誤判からの責任逃れだけでなく、裁かれる者を心服させ、国民の支持を繋ぎとめ、裁判所の権威と栄光の維持をはかろうとしたことになる。

中坊の方は、経験を積んだ弁護士から裁判官を採用させることで、一段低く見られてきた弁護士の地位向上を欲していた。思惑の違いはあっても、二人の方向性は一致していたのである。

司法制度改革審議会のメンバーには、ほかに元広島高裁長官の藤田耕三や作家の曽野綾子など総勢13名の委員が就任し、第1回会合を1999年7月27日に開いている。

初会合の少し前、法務省は中坊を取り込もうと、赤坂の料亭で接待したことがあった。中坊は嬉々としてその誘いに応じ、翌日には接待の詳細を新聞記者に暴露。法務省に恥をかかせるとともに、以後の働きかけを封じ込める策士ぶりを発揮した。

審議会では毎回、激しい議論が闘わされ、とりわけ中坊と元広島高裁長官の藤田が喧嘩腰でやりあった。文字通りそれは、日弁連と最高裁の代理戦争でもあった。

藤田は、精密な司法を実践できる裁判官は判事補として10年過ごすなかで先輩や同僚から学びながら育っていくものであって、素人が入ってきていきなり裁判などできない。陪審制や裁判員裁判を導入すれば誤判が増えることを覚悟しなければならないと主張したことがあった。

これに対し中坊は気色ばんで反論している。

「それでは、職業裁判官が一体どういうことをやってきたのか。戦後我々日弁連が支持して再審で無罪を勝ち取っただけでも一二例、吉田石松さんから始まって、吉田勇さんに至るまで、再審無罪になっている事件があって、そのうちの四例はまさに死刑なんです。死刑判決が無罪になっているんですよ、再審において。職業的裁判官がやった裁判が、人を死刑にするという判決を確定させるところまで行っているんですよ」「何とお考えになって、陪審だったら誤判が多くなる、それを覚悟で入れろなんて。私は藤田さんの先ほどの意見は余りにもむちゃくちゃな議論だ。私にとっては到底認めることもできない議論ですね、こんなことは」

「吉田岩窟王」と称される吉田石松は、強盗殺人罪で無期懲役となったものの、不屈の精神で50年後に無罪判決を勝ち取った。吉田勇もまた、殺人罪で無期懲役となったが、逮捕から47年の歳月をかけ冤罪を晴らしている。

藤田と中坊の攻防戦は、しかし2000年3月、中坊が審議会委員のまま小渕内閣の内閣特別顧問に就任したことで、中坊の勝利に終わるものと思われた。内閣特別顧問への就任にあたり、首相の小渕から次のような言質を取っていたからだ。

「総理、司法改革を応援してくれるんでしょうね」

「ええ。（警察）官僚にはほとほとあきれました。先生がおっしゃっていた法曹一元が必要な意味も分かってきました」

この時期、警察官僚の不祥事が立て続けに発生していたのである。

約3ヵ月前の1999年12月には、神奈川県警のトップであった元本部長と現職幹部の5人が、犯人隠避や証拠隠滅で横浜地検によって起訴されるとともに、同県警の23人が処分されている。県警外事課のキャリア警察官が覚醒剤を常用していた事件を捜査しながら、本部長の指示のもと組織ぐるみでもみ消していたのである。

またその2ヵ月後には、新潟県三条市で9歳の時に誘拐された少女が9年2ヵ月ぶりに保護されたにもかかわらず、県警本部長は、温泉旅館で関東管区警察局長との酒席に興じていて、本部に戻ることも捜査の指揮を執ることもしなかった。

身内には甘い警察の不公正な体質だけでなく、重大事件の指揮より上司との酒席を優先させる怠慢ぶりに国民は激怒。怒りの矛先は政府に向かい、小渕内閣は囂々《ごうごう》たる批判に晒されることになる。

ただでさえ国会運営が厳しいなか、警察の不祥事が政権に与えたダメージは大きく、小渕首相は国民的人気のあった中坊を内閣顧問に迎えることで、傷ついた政権の浮揚をはかろうとしたのである。

中坊のブレーンだった弁護士も、これで判事補制度は廃止となり法曹一元が実現すると自信満々だったが、結局、こう回想することになる。

「中坊さんが内閣特別顧問になってからは、日弁連の意見がどんどん通るようになって、僕だってこれで法曹一元は実現すると確信したものです。ところが、その就任からひと月半後、小渕さんが脳梗塞で倒れ急逝した。それからというもの、最高裁の巻き返しにはものすごいものがありました」

裁判所の執念

ほぼ成立しかけていた法曹一元を潰すために最高裁がとった作戦は、司法制度改革審議会の各委員を個別撃破するという地道なものだった。委員ひとりひとりを回っては説明と説得を繰り返し、法曹一元に傾いていた委員を切り崩していったのである。

その結果、「司法制度改革審議会意見書」を受けて2002年3月に閣議決定された「司法制度改革推進計画」には、法曹一元は盛り込まれなかった。かわって、次のふたつの制度が検討課題として記載され、その後、実際に導入されている。

ひとつは、「弁護士職務経験制度」である。これは、裁判官は世間知らずで視野狭窄との批判に応えるためのもので、任官10年未満の判事補を2年間弁護士事務所で勤務させ、社会の実情を学ばせ、経験の幅を広げさせようというものだ。

もうひとつは、裁判官の「多様性・多元化」をはかる制度としての「弁護士任官等推進センター」である。同センターは日弁連内に設けられ、裁判官への任官を希望する弁護士を最高裁に推薦するという制度である。法曹一元となれば、弁護士と検事からしか裁判官を採用できなくなるが、これだと最高裁の主導で採用人数を自在に調整できる。日弁連の顔を立てながら、従来通りの判事補制度を維持するための制度であった。

日弁連が、法曹一元とセットで求めていた「法曹人口の拡大」についても、最高裁は巧妙にその趣旨をねじ曲げている。法曹人口の拡大ははかるものの、裁判官と検察官は「必要な増員を行う」との文言を「司法制度推進計画」に挿入させた。結果、弁護士人口のみが大幅に増えることになったのである。

需要と供給の関係から言って、新人弁護士の大幅な増加は、弁護士登録しても既存の弁護士事務所に就職できない弁護士が増えることになる。そのため司法修習を終えたのち、弁護士実務を習得しないまま、即、独立する「即独」と揶揄される弁護士や、自前の事務所を持てず、携帯電話で業務をおこなう「ケータイ弁」と呼ばれる弁護士が増えるなど量が質の低下をもたらすことになった。

「そういう弁護士の中には、法廷で主張すべき事実を記す『準備書面』の案文をファックスで書記官室に送りつけてきて、これでいいか見てくれと言ってきたり、問題があれば指摘してほしいという人もいます。もう、笑うしかないんですが、うちの書記官は、あんたの事務員じゃないよと言いたい。それくらいひどい弁護士が増えている。そういう弁護士先生に依頼した人は、本当に気の毒だと思います」（中堅裁判官）

要するに最高裁は、中坊によって土俵際まで追い詰められていたものの、最後の最後でうっちゃりを食わせていたことになる。ただ、法曹一元を潰したあとは、さすがの最高裁も余力が残っていなかったのだろう。渋々ながら裁判員制度の導入には同意した。

いよいよ裁判員裁判が実現するとなった時、日弁連の司法改革推進本部事務局長だった宮本康昭は、最高裁事務総局の幹部と非公式の場で協議を重ねている。

「最高裁の担当者とは、ずいぶん激しくやり合いました。最初、彼らは、裁判員に評決権を持たせることに頑強に反対した。意見は言わせて参考にするだけの評決権なき裁判員ということを言っていた。しかし最後は彼らも状況を見たんですね。裁判員の評決権を受け入れましたから」

最高裁が、裁判員裁判を受け入れたもうひとつの理由に、裁判所の予算が増えるということもあった。

元最高裁判事の泉徳治は語っている。「裁判員制度のような新しい制度の導入がないと予算が付きにくいのが現実です。……裁判員裁判の導入で法廷の増設や裁判官の増員ができて良かったと思う面があります。これが本音ですね」

裁判員は「お飾り」

2009年5月にスタートした裁判員裁判は、2018年12月末時点で、6万6407人の裁判員が法廷に臨み、裁判員が病気等で出廷できなくなった場合の補充裁判員2万2580人を選任してきた。

　刑事事件の一審のみに適用される裁判員裁判は、担当する事件によって拘束される日数が異なり、通常は6日程度だが長いものだと200日以上に及んでいる。その期間中は午前9時半までに地裁の「評議室」に集合し、裁判官からその日の進行手順などの説明を受けたのち法廷に出るのが一般的だ。

　そして午前10時の開廷から午後5時の閉廷まで、裁判官と同じ法壇に着席し、裁判官による証人尋問や、検察官、弁護人による主張などに立ち会う。途中の昼食時間や休憩時間も「評議室」でまとまって過ごすため、それまで経験したことのない濃密な時間を共有することになる。

　いったい彼らは、法廷という非日常の空間で何を思い、裁判員裁判についてどんな考えを抱くのか。

　裁判員裁判がはじまって2年目の2010年9月、東京地裁で裁かれた「保護責任者遺棄致死事件」で裁判員として審理に参加した田口真義は、審理に携わった9日間を淡々と回想した。

「当時は裁判員としての選任手続きが終わって、その日の午後にいきなり初公判でした。これは面白い理由で、日を置くと裁判員が事件についてインターネットなどで調べ、予断を持つかもしれないということで、僕らは信用されていなかったんです。しかしいまは選任手続きから

2～3日後、場合によっては1週間以上日を空けて初公判というのもある。会社を休んだり雑用を片付けたりする時間が必要なわけですから。

いずれの裁判員裁判でも、どこかのタイミングで裁判官とのランチタイムを開くんです。僕の時は、初日の昼に裁判官と裁判員、それに補充裁判員の12人で昼食をとりました。打ち解けて談笑する雰囲気ではなく、すごく儀礼的だったのでガッカリしたのを覚えています」

裁判員裁判を経験して田口は、裁判員は単なるお飾りではないかと感じている。静かな口調で、制度の趣旨を見つめ直す必要があると語った。

「裁判官は、判決日から逆算して評議を進めるため、どうしても自分たちの考えている結論に裁判員を誘導しがちです。評議室では、裁判官が発言すると多くの裁判員はその意見に抗えない。裁判官が言うのならそうだろうとなる。彼らは、自分たちの判断はこれまで間違えたことはないという前提に立っていて、裁判員を自分たちの判断の担保として使おうという人が多いのではないでしょうか。しかし裁判員裁判は国民の司法参加ですから、裁判官と裁判員が対等に意見を闘わせて、官僚的な杓子定規な判断に終止符を打つ必要がある。でなければ犯罪者の更生にも役立たないはずです」

2012年に田口は、裁判員経験者の交流団体「LJCC（Lay Judge Community Club）」を立ち上げた。裁判員経験者が胸襟を開いて語り合うことで、人を裁いたものが背負う重荷を少しでも軽減させるとともに、広く国民に制度の実状を知ってもらうためである。その一方で、有志の裁判員経験者とともに最高裁に対し、「公判前手続きは可能な限り裁判員に提示するこ

裁判員裁判では判決が厳しくなる

最高裁の判決日	判決の推移		
	裁判員裁判	高裁	最高裁
2015年2月3日	死刑 →	無期 →	無期
事件の概要	千葉の女子大生を殺害したうえ、部屋に放火した強盗殺人事件。裁判員裁判では死刑判決が出た。しかし高裁では、計画性がなかったとして無期に減刑。最高裁も無期を支持した。		
2015年2月3日	死刑 →	無期 →	無期
事件の概要	無理心中で妻と子を殺害し服役した男が、出所後半年で強盗殺人を起こし逮捕。裁判員裁判では死刑だったが、2つの犯行に類似性がないとして二審は無期に減刑。最高裁も支持。		
2015年2月9日	死刑 →	無期 →	無期
事件の概要	複数の人間が長野県で一家3人を殺害した事件。裁判員裁判は、主犯、共犯者ともに死刑判決を出した。しかし、二審は共犯者を無期に減刑。最高裁も無期判決を支持した。		

と」や、「裁判員からの検察官・弁護人に対する質問を可能とすること」など、裁判員裁判をより充実させるための提言をおこなってきた。

これまでのところ最高裁は、彼らの提言に何も答えていない。その無言の対応は、はるかに饒舌に裁判員は誤判を犯した時の盾に過ぎないと言っているかのようである。

裁判員裁判がスタートする半年前の２００８年12月、国民の司法参加を認めるもうひとつの制度が導入された。「被害者参加制度」である。

この制度は、１９９７年、株取引で山一證券とトラブルになった男が、逆恨みの末、同證券の「代理人弁護士」的存在だった岡村勲日弁連副会長の妻を刺殺。岡村は、他の犯罪被害者らと「全国犯罪被害者の会」を設立し、犯罪被害者やその配偶者などが公判廷に出席し、被告人に質問したり、意見を述べる仕組みを法務省に求めてきた。それがこの時実現したのである。

この被害者参加制度によって法廷が感情化し、刑事裁判に与えた影響は絶大なものがあったと元東京高裁裁判長は言った。

「本来、量刑は責任に応じた刑を科すべきで、そこには自ずと幅が生じます。反省しているとか、更生の可能性があるとか、妥当と思われる幅の範囲内で量刑を決めるのが現代刑法の基本。その幅を超えてはいけないし、下回ってもいけない。いわゆる『量刑傾向』を守らなければ著しい不公平が生じるからです。

ところが、国民の司法参加がはじまって以来、法廷はものすごい空気に包まれるようになった。傍聴席の半分を被害者の家族や友人が占め、裁判官を睨みつけている。少しでも軽い刑を言い渡そうものなら許さない、というオーラが伝わってくる。それを跳ね返しながら、量刑理論に従った刑を言い渡すのは大変。目の前にすごい圧力があるから」

裁判員裁判の場合も、感情に走った裁判員が、検察官の求刑を上回る懲役刑を求めて暴走することがある。最高裁の調査によれば、裁判員裁判がはじまった２００９年5月から２０１４年3月末までの約5年間で、検察官の求刑より重い判決を言い渡す「求刑超え」は、殺人、殺人未遂、（準）強制わいせつ致傷など主要8罪名だけで43件にのぼった。一方、裁判官だけの裁判では、求刑超えとされたケースは2件だけだった。

法廷の感情化がもたらす弊害について、別の元東京高裁裁判長はこう述べた。

「世論というものは必ずしも公平じゃなくて、自分たちがなるかもしれない被害者の立場に立ちやすい。裁判官でも自分が担当しない事件については、重めの意見が出やすいものです。まして一般市民から選任された裁判員は、いったん被告人とされ、法廷に立たされた人には予断を持ちやすい。その被告人にも家族があって人権があって、同じレベルで考えてあげないといけないという気持ちをなかなか持てない。社会というのは犯罪によって被害を受ける立場にあるわけだから、裁判員は被害者的立場がストレートに出やすい。その裁判員に、人の一生を左右させる判断を委ねるというのは、僕は間違いだと思う」

結局のところ司法制度改革は、さまざまな新制度を法曹界にもたらしたが、国民の期待に応える司法という根本理念を十分に具現化できなかったため、重く困難な課題を残してしまった。裁判員裁判にしても、法廷の感情化という弊害をもたらし、法曹一元が挫折したことによって、最高裁による裁判官の統制は相変わらず維持されることとなったのである。
官僚機構としての裁判所を改革する道のりは、いまだ遥かに遠い。

第十二章　政府と司法の暗闘

反対意見を潰す調査官

憲法は、民主主義の根幹を支える選挙制度において、選挙民の「投票価値」が平等であることを求めている。投票権の一票に格差がある限り、国民の意思を公平に国政に反映させることができないからだ。その意味で「一票の格差訴訟」は地味ながら、国民の基本的権利に直結する訴訟であり、国会にはその是正をはかる義務が課せられているのである。

国政選挙が終わるたび、人権意識の高い弁護士たちによって、全国で繰り返し違憲訴訟がなされる理由もそこにある。しかしこの格差を完全に是正することは、選挙制度の仕組みの複雑さと是正措置の技術的限界から限りなく不可能に近い。

だからこそ、6・59倍という「最大格差」で実施された1992年7月の参議院選挙への違憲訴訟でも、最高裁は「投票価値の著しい不平等状態」を認めながら、「違憲」とはしなかった。1996年9月11日に下された大法廷判決は、憲法に違反しているとは言いがたいとして「違憲状態」としたのである。「違憲」と「違憲状態」の違いは、前者がただちに格差是正を求めるのに対し、後者は一定の猶予期間を与えるという意味が込められている。

ただ、この参議院選挙への大法廷判決は、最高裁判事の全員一致意見によるものではなかった。15人の判事中9人の多数意見で「違憲状態」としたものの、残る6人は反対意見で「違憲」を主張していたのである。

「反対意見」を表明した判事のひとりに福田博がいた。福田は自身の『オーラル・ヒストリー』の中で、反対意見を書き上げるのにいかに苦労したかを述べている。最高裁の調査官から執拗な妨害にあったのだ。

「多数意見に反対する意見を私が書くことを押しつぶそうという調査官がいた。これは許せないと思いました」「『先例に反します』と言って私の原稿を消してくるわけです」

外交官出身の福田は、条約局長やマレーシア大使などを経て、1995年9月、最高裁判事に就任した。最高裁入りが決まるや、欧米の憲法判例などを半年にわたって読み込み、選挙制度における投票価値の平等への取り組みを使命と考えるようになっていた。

福田の反対意見は、「定数格差の存在は、選挙人の選挙権を差別しているに等しく、そのような差別は民主的政治システムとは本来相いれない」というものだった。

最高裁判事の意を受けて判決文案を起案したり、判例解説などを執筆するのが最高裁調査官の職務である。しかし、福田をサポートしてしかるべきこの調査官は「反対意見を書くのはバカだ」という趣旨の発言をしたうえ、外交官出身の福田には判決理論も憲法問題も何も分かっていないと見下し、極細の「黒か青か」のサインペンで福田が執筆したA3用紙何枚にもわたる反対意見の全文に斜線を引き、全否定したのである。斜線のないのはわずかに「私は反対である」の一行だけだった。

「思い出すと、今でも血がたぎります」と感情も露に、福田は調査官への憤りを書き連ねている。

「（私の反対意見を）斜線で消して、翌日に返ってくる。返し方も投げ込みで……。ふざけるな、と思いましたね。反対だから反対意見を書くのです。確立した先例に反するといって全部斜線で消して、末尾の『私は多数意見に反対である』という一文だけを残して返してくる。どういう神経かと思いましたね。『書かせない』という調査官の圧力を私はひしひしと感じたんですよ」

外部から入ってきて反対意見で違憲を主張する福田は、異端者以外の何物でもなかったのだろう。調査官は、面子にかけて福田の反対意見を潰そうとしたのである。

語るほどに苛立ちが募り、福田はこう語を継いでいる。

「上席調査官と担当調査官が頭が固いと、どうしようもない。自分だけが頭いいと思っている。だから私は言った。『どうしてもそういうことが書きたかったら、最高裁の判事になってから書きたまえ』と。

最低だったのは担当調査官です」

この担当調査官は、エリートとして嘱望されてきたこともあって、とりわけ最高裁の立場をおもんぱかることに敏感であった。その後、原発訴訟でも最高裁のガイドラインに沿って再稼働を認めている。

最高裁判事も裁判官同様、良心に従って自らの意見を述べる義務が課せられている。にもかかわらず、その義務を履行させようとしない調査官の行動原理とは、どういうものなのか。

調査官を務めたことのある元最高裁判事は、「調査官につきまとうふたつの問題」が背景にあるとしてこう解説した。

「調査官も裁判官なので、自分の法律論をもっているわけですよ。ですから、最高裁判事の議論に法律家として参加しようとする。しかし最高裁判事から見れば格下の調査官から意見されるのは面白くない。これが軋轢を生むひとつの原因です。もうひとつは、調査官には現状維持、先例尊重という意識がある。とりわけ、法律専門家でない官僚出身の判事の意見は無視しがちで、これまで通り手堅く行こうとする傾向があるのです」

逆に言えば、この考えに立つ限り、いつまでたっても一票の格差は是正されることはない。先例尊重に名を借りた事なかれ主義と言えよう。

品格を重んじる最高裁のなかにあって、とりわけ温厚な人柄で知られた元最高裁判事の泉徳治は、常々、そのような事なかれ主義は改めるべきと考えていた。だからこそ最高裁判事として、「一票の格差訴訟」では3度にわたって「違憲」の反対意見を書いてきた。

なかでも最も力を入れたのが、格差が5・06倍に拡大した2001年7月の「参議院選挙無効訴訟」での反対意見だった。

一審、二審を経て2004年1月14日に下された大法廷判決は、9人の判事の多数意見によって「合憲」となったが、泉を含む6人が「違憲」の反対意見を書いた。泉は、「2倍を超える格差は違憲となる」としたうえで、選挙制度をめぐる国会と裁判所の関係性についてこう主張した。

「民主主義国家にあっては、司法は、国民の代表たる議会の行った立法の相当性に立ち入って審査すべきではなく、また、違憲判断も慎重であるべきである。立法が賢明であるか否かは、国民が投票所における投票によって審査すべきことであり、不賢明な立法の是正は、投票と民主政の過程にゆだねるべきである。しかし、それは、選挙制度を中心とする民主主義のシステムが正常に機能し、全国民が投票所で正当に意思を表明することができ、その意思が議会に正当に反映される仕組みになっているということが前提となっている。選挙制度が国民の声を議会に届けるシステムとして正当に構築され、議会が国民代表機関として正当に構成されているということが大前提となって、議会には広範な立法裁量権が与えられ、その裁量権行使の是非の審査は投票と民主政の過程にゆだねるということができるのである。選挙制度の構築、特に投票価値についてまで議会が広範な裁量権を有することになっては、議会に対する立法裁量付与の大前提が崩れることになるのである」

一票の格差の拡大は、まさに「議会に対する立法裁量付与の大前提が崩れる」ことを意味し、民主主義のシステムが正常に機能しなくなる問題だけに、システム不全の元凶である格差の是正が「司法の役割」と、泉は結論づけた。

ものごとは理想通りに整然と進むものではなく、各種各様の事情や思惑によって左右されるものだ。しかし選挙制度に関して、最高裁がそのようなブレを許容していたのでは、いったいどこの誰が、最終的に是正を求めるというのか。

静かな口調で泉は言った。

「最高裁が行政の分野や立法の分野に、何でもかんでも口出ししていいわけではありません。国会や行政官庁が、法律の容認する裁量権を大幅に逸脱して、社会に混乱を招いた時に乗り出すだけでいい。しかし国民の基本的人権や、民主主義のシステムの根幹をなす選挙制度の改善については積極的な姿勢が必要です。とりわけ『投票価値の平等』の是正には、常に裁判所は一歩前に出なくちゃならない。いま憲法改正が、現実的な課題になってきているだけに、その必要性は増しているのです」

「投票価値の平等」が是正されないままでは、憲法改正の国会論議にしても国民の意思を公平に反映したものとはならず、その結果の如何にかかわらず正当性が問われることになるのである。

「30年越し」の判決

裁判官出身で弁護士の森野俊彦もまた、一票の格差の是正に取り組んできたひとりだ。

森野は、2010年3月、「衆議院小選挙区の格差訴訟」で福岡高裁裁判長として、福岡第2区における選挙は「違憲」との判決を言い渡した。

「誰もが過不足なく一票を有する」との憲法上の重要理念を、完全に実現することは不可能でも国会はその実現に向け努力すべきであって、それを怠り後退させることは許されないとしたのである。森野は判決文に記している。

「選挙区間の人口の最大較差が2倍以上である状態を、前回の選挙からみても本件選挙まで4年近く放置し、その結果、平成21年8月30日に行われた本件選挙当日における選挙区間の選挙人数の最大較差は1対2・304まで拡大し、……福岡県第2区の較差も2・048となお2倍を超える状態にあったことからすると、仮に、本件区割規定が制定当時合憲であったとする立場をとったとしても、その後の人口の変動等により、違法性を帯びるに至ったというべきであり、このような状態を是正する姿勢も全く見せないまま放置した国会の不作為は、われわれのように国会の裁量の範囲を限定的にみる立場からすればもちろんのこと、相当程度認める立場をとったとしても、その範囲を逸脱するものであるといわざるを得ない」「本件選挙は違憲というべきものである」

この判決は、いわば30年越しで書き上げたものだった。

約30年前の1982年2月17日に大阪高裁が下した「一票の格差訴訟」で主任裁判官だった森野は、「一人一票が原則」との判決を書こうとしたが、上司である裁判長からその理屈は最高裁では通らない、10年早いとたしなめられていた。その結果、本件選挙は「違憲である」とするのではなく、「違法であるとの宣言をする」に止めた。宣言するだけで是正努力を求めなかったことは、森野の心の澱となって消えることはなかった。

大阪・天王寺駅にほど近い弁護士事務所で、森野はおもむろに口を切った。

「国会議員は正当に選挙されて初めて議員になるわけですから、自分の存立基盤である選挙区について、できる限り『一人一票』の実現を志向すべきなんです。これは私の信念です。だから、福岡高裁裁判長として一票の格差訴訟を担当した時は、是正努力を国会が行ったかどうかを審理のポイントとし、その努力が認められなかったので良心に従って違憲としたのです」

森野が「違憲」とした2009年8月の衆議院選挙では、大阪高裁、広島高裁、名古屋高裁でも違憲判決が下された。しかし最終的に最高裁は「憲法の規定に違反するものとは言えない」として、「違憲状態」とした。

この最高裁判決を聞いた時の落胆を、森野はため息とともに述べた。

「なぜ、ここまで最高裁が立法府の怠慢をかばう必要があるのかというのが第一印象でした。国会と馴れ合っているとしか思えなかったですね。これでは最高裁は憲法の番人として、立法府をチェックできるわけがないと失望した」

問題の本質は、最高裁を率いる長官のリーダーシップの欠如と、司法の役割を堅持する姿勢の衰退にあったということだろう。長官の強い意向が示された時には、最高裁も「違憲」判決を言い渡しているからだ。

第10代最高裁長官の寺田治郎が率いた大法廷は、1983年12月に実施された衆議院選挙への一票の格差訴訟で「違憲」の判断を下した。

この判決の遠因は、3・94倍の格差のもと実施された1980年6月の衆議院選挙にあった。この選挙無効訴訟に対し、寺田長官率いる大法廷は「憲法の選挙権の平等の要求に反する」としながらも、「憲法上要求される合理的期間内における是正がされなかったものと断定することは困難であるといわざるをえない」として、あえて「違憲状態」とした。そのうえで、「できる限り速やかに改正されることが強く望まれる」と注文をつけていた。

しかし3年半の猶予期間がありながら、3・94倍の格差が是正されるどころか逆に4・40倍に広がっていたため、1985年7月17日の大法廷判決で、今度は「違憲」としたのである。

「投票価値の不平等状態が選挙権の平等の要求に反する程度に達していたと認められることは、先に昭和五八年大法廷判決の指摘したとおりである。のみならず、右選挙当時から本件選挙当時まで右較差が漸次拡大の一途をたどっていたことは、毎年九月現在の選挙人名簿登録者数などによって周知のところである。しかるに本件において、投票価値の不平等状態が違憲の程度に達した時から本件選挙までの間に右較差の是正が何ら行われることがなかったことは、……憲法上要求される合理的期間内の是正が行われなかったものと評価せざるを得ない。したがって、本件議員定数配分規定は、本件選挙当時、憲法の選挙権の平等の要求に反し、違憲と断定するほかはない」

それでもなお、最高裁を軽視しているとの寺田長官の怒りはおさまらず、長官自らが筆をとり補足意見を書くことになった。

長官が補足意見を書く効果は大きい。しかし長官ひとりを矢面に立たせるわけにはいかないとして、最高裁判事だった矢口洪一が呼びかけ、第一、第二、第三の各小法廷からもひとりずつ最高裁判事が加わることになった。これだと、「オール最高裁」の意見ということになり、

「一票の格差」を最高裁はこう見てきた

最高裁の判決日	議員選挙 最大格差	判決	判決主旨など
1964年2月5日	参議院 4.09倍	合憲	議員定数をどう配分するかについて、立法府（国会）の裁量権を大幅に認めるというのが多数意見。合憲の判決が下った
1985年7月17日	衆議院 4.40倍	違憲	「一票の格差」の是正が一向に進まないことに、当時の寺田治郎最高裁長官が激怒し、違憲判決を下すこととなった
1996年9月11日	参議院 6.59倍	違憲状態	国民の一票が同等の価値を持つ「投票価値の平等」に反する状態であるが、選挙結果が無効であるとは言えないとした
2015年11月25日	衆議院 2.13倍	違憲状態	衆院選で3度連続の「違憲状態」判決だった。一方で、国会は格差是正について、幅広い裁量権を持つともしている
2017年9月27日	参議院 3.08倍	合憲	「投票価値」の不均衡は著しかったとは言えないとし、合憲の判断を下した。世論には「後退」とする声も大きかった

一刻も早く是正措置を講じなければ本当に選挙無効の判決を書き、選挙のやり直しを命じると圧力をかけたのだ。

同補足意見は述べている。

「（今後、議員定数の）是正措置が講ぜられることなく、現行議員定数配分規定のままで施行された場合における選挙の効力については、……その効力を否定せざるを得ないこともあり得る。その場合、判決確定により当該選挙を直ちに無効とすることが相当でないとみられるときは、選挙を無効とするがその効果は一定期間経過後に始めて発生するという内容の判決をすることも、できないわけのものではない」

この補足意見の効果は大きく、衆議院の一票の格差はその後徐々に縮小され、2014年12月選挙では2・129倍となった。

参議院の方は、一時格差が広がり、冒頭に示した6・59倍まで拡大するものの、その後はこちらも是正されていく。ところが、2016年7月に実施された参議院選挙は、「2倍未満」にはほど遠い3・08倍の格差があったにもかかわらず、最高裁は「合憲」の判断を下した。これまで積み上げてきた是正努力を一気に突き崩し、後退させる判決だった。

「この判決は残念でした」と、元最高裁判事の泉は肩を落とした。

「『一人一票』を実現するのは、そんなに簡単じゃない。だから『2倍未満』だったら、まあ、いいかという気持ちはありました。その実現も近いなあと思っていたら、まったく想像もしていなかった合憲判断が出た。これで今後、国会は是正に向けて動かなくなるでしょう。現状維持でいいとの『お墨付き』を与えたわけですから」

しかしなぜ、最高裁は、誰の目にも明らかな「3・08倍」の格差を「合憲」としたのか。

この疑問に答えて、元最高裁判事は言った。

「政治家というのは、選挙の問題と切っても切れない仕事なんです。『投票価値の平等』のために、選挙区の定数をこれ以上削られれば、自分の首が飛ぶことになる。だから、いろんな差し金を使って最高裁に圧力をかけてくるわけです。ひとつには、予算の問題があると思いますよ。予算のことでは、内々に、しょっちゅう政府とやり取りしてますから。それと人事でしょうね。最高裁長官にしろ最高裁判事にしろ、人事権は内閣が握っている。民主党政権が短命に終わり、自民党政権が盤石となるなか、最高裁も政権の意向に配慮せざるをえないということでしょう」

2018年度の裁判所予算は、国家予算のわずか0・3%の約3200億円。そのうち84%が裁判官と一般職員の人件費で占められていて、残り16%で全国の裁判所と簡易裁判所を運営している。そのため概算要求の際、他省庁のように多岐にわたる支出項目を膨らまし、予算に余裕を生み出すことができない。元最高裁長官の矢口洪一も、かつて予算折衝で1000万円削られただけでも全体に響いて困ったと語っている。

このため最高裁には、どうしても政権との緊張関係を避けようとする指向性が生まれ、その影響は地裁や高裁の裁判官たちにも少なからず及んでいる。

ただ、それが外から見えにくいのは、各裁判官の判断がいかんせん主観にゆだねられているうえ、「裁判官の独立」という憲法上の理念によって、政権への配慮など存在しないかのような錯覚を覚えさせるからだ。

機械的な判決

２０１７年11月と２０１８年3月に出された、新潟水俣病のふたつの東京高裁判決は、裁判所の役割と裁判官の姿勢を占ううえで象徴的である。

新潟水俣病は、高度経済成長期、社会問題化した熊本の水俣病、四日市ぜんそくなど四大公害病のひとつで、昭和電工鹿瀬工場から新潟市内を流れる阿賀野川に排出されたメチル水銀を含んだ廃液によって引き起こされた。汚染された魚介類をそうとは知らずに食べた住民の多くが、神経障害や感覚障害などを発症し、新潟県内の認定患者は２０１９年9月末現在で７１５人。いまだ申請中の患者は１４２人で、申請をしながら棄却されてきた患者は延べ１４５７人にのぼる。

発病の原因が特定されてすでに半世紀が経つにもかかわらず、いまだ多くの患者が救済されずにいるのは偏《ひとえ》に予算の問題がある。

環境庁長官を務めたことのある北川石松は、かつて予算がないとの理由で事務方に反対され熊本のみならず、新潟水俣病の患者救済をも見送った、その苦い思いを口にしたことがあった。

1990年12月5日、現職大臣として11年ぶりに水俣市を訪問し、水俣病の患者を見舞うとともに、認定患者への補償金の財源である県債の発行を継続するよう熊本県に要請した時のことだ。

当時、熊本地裁、東京地裁など5ヵ所の裁判所は、国と県、チッソの三者が患者と和解すべきと勧告していた。人情家の北川は、訪問前の庁内会議で裁判所の勧告を受け入れ「和解のテーブルについて議論を尽くそう」と提案するが、猛反対にあっていた。被告の立場に立つ環境庁ほか厚生省、農水省、通産省の4省庁は裁判所の和解案を拒否し、あくまで判決を求めるとの方針を公表していたからだ。

しかし北川は、その反対を押し切り、水俣市で患者側と誠意をもって話し合い、次いで新潟でも水俣病の患者救済に踏み切るつもりだったが、その思いを叶えることはなかった。水俣の現地視察の当日、環境庁で水俣問題を担当していた企画調整局長が自殺したからだ。和解案の受け入れに反対だった局長の死を知らされたショックが、北川の意志を打ち砕いてしまったのである。

水俣の訪問からしばらくのち、北川は古くからの友人と会食するが、その席で苦悶の表情を浮かべながらこう語った。

「庁内の首脳を集めた会議で、裁判所の和解勧告は時の氏神だから、他省が反対しても環境庁単独で和解のテーブルについて議論すべきだと提案した。公健法（公害健康被害の補償等に関する法律）を広く運用して患者救済に乗り出したかったんだが、役所の連中は口を揃えて、それは絶対に言わんといてくれといいよった。大臣が一言でも和解勧告を受け入れるとか、患者救済と言ったら大変なことになる。予算がないから何もできずに終わるだけでなく、嘘を言ったことになるといって何度も念押しされた。

水俣で、患者さんたちの切々たる訴えを聞きながら、何も手を差し伸べることができないというのは辛いもんやった」

北川が無念の思いを抱いた時から、行政の不作為による公害病の風化はさらに進んでいる。しかしそんな環境下にあって、司法の役割を前面に打ち出し、患者を救済したのが東京高裁の河野清孝裁判長だった。

河野裁判長は、２０１７年11月29日の判決で、一審の新潟地裁が請求を棄却した新潟水俣病の患者２名を含む、原告９名の患者全員を公害患者に認定するよう新潟市に命じ、同市はこの判決を受け入れた。

しかしその約４ヵ月後、先の訴訟に参加しなかった二人が起こした新潟水俣病の患者認定を求める訴訟で、東京高裁の斉木敏文裁判長が下した判断は、「阿賀野川の魚介類を多食していたとは認められない」などとして、その訴えを退けた。二人にとって不運だったのは、法の形式的適用に終始し、現実を見ることなく機械的に判断を下す裁判官に当たったことだった。

現職の東京高裁判事も、かなり辛辣な皮肉を込めて言った。

「そもそも国は、新潟水俣病が社会問題化した当時、ちゃんと調査していないのできちんとした記録が残っていないんですよ。それがいまになって、50年前に汚染された魚を食べた証拠がないからダメと言うのは、いくらなんでも酷すぎる。そんな証拠あるわけないんで、司法の役割論からいっても、企業によって不当に健康被害をもたらされた患者を救済すべきなんです」

本来、誰が担当しようと同じ結論に至るのが裁判の客観性であろう。しかしその内実はといえば、裁判長によってこれほどの違いが出るものなのである。

「疑わしきは確定審の利益」

最高裁判所は下級審の裁判官に対し、最高裁が「当該事件についてするであろうような判断に従って裁判すべし」と説くことで、「裁判官に対する中央集権的官僚統制」を完成させてきた。その統制に従うだけで、社会常識を基礎とした考え方や、事実に向き合う毅然たる態度を見失うという落とし穴にはまると、国民が期待する正義の実現とは程遠い裁判がおこなわれることになる。

かつて、冤罪の救済に寄与してきた判例が、いまではその玉座から引きずり降ろされてしまったのはその典型例だろう。

１９７５年に最高裁第一小法廷が示した「白鳥決定」は、冤罪被害者に再審裁判への道を開き、確定死刑囚や長期懲役囚に無罪をもたらし、獄中から救い出してきた。しかしその門戸は、いまでは大幅に狭められてしまっている。

白鳥決定が出される以前は真犯人が現れるなど、一発で有罪判決を引っ繰り返せる決定的証拠が提出されない限り、再審は開始されてこなかった。判決が確定するまでには、地裁、高裁、最高裁において何十人もの裁判官が審理を尽くし、有罪との確信を得て判決が言い渡されている。そのため易々と再審を開始したのでは、裁判所の権威が失墜するというわけである。したがって、「疑わしきは被告人の利益」ではなく「疑わしきは確定審の利益」として処理されてきたのだ。

ところが白鳥決定によって、「あらたな証拠と他の全証拠とを総合的に評価して判断」した結果、「確定判決における事実認定につき合理的な疑いを生ぜしめれば」、再審を決定すべきとの判断枠組みが示されることになった。再審裁判の運用にコペルニクス的転回をもたらした白鳥決定は、次のような経緯のもと生み出されたものだった。

日本共産党が「武装闘争路線」を取っていた1952年1月21日、札幌市警察本部の白鳥一雄警部が帰宅途中に何者かに拳銃で射殺され、日本共産党札幌委員会委員長だった村上国治が、その殺害計画を立て、実行犯に拳銃での射殺を指示した主犯（共謀共同正犯）として逮捕、起訴された。最高裁まで争ったものの、懲役20年の刑が確定した事件だった。

有罪の決め手となったのは、村上の指揮のもと、札幌市郊外の幌見峠で実行犯への射撃訓練を実施したという転向党員の証言だった。その証言にもとづき幌見峠の土中から発射訓練の際に出たとする2個の弾丸が、事件から19ヵ月後と27ヵ月後に発見押収された。弾丸が発射された際につく線条痕も、白鳥警部の体内から摘出された弾丸の線条痕と一致したというものだった。

弁護団は再審請求するにあたり、中国、ソ連などの学者の協力を得て、中国国内で実際に発射した32発の弾丸を幌見峠の土中に埋め、27ヵ月後に掘り出す実験をおこなった。結果は、そのうち30発は腐食による亀裂（応力腐食割れ）が発生していたが、残る2発には亀裂は見られないというものだった。

一方、警察が幌見峠で押収したとする2発の弾丸にはまったく亀裂がなく、金属光沢も失われていなかったため、弁護団は、警察が提出した証拠の弾丸は偽造されたものであり、この実験結果は「無罪を言い渡すべき明らかな証拠」にあたるとして、札幌高裁に再審請求したのである（亀裂のなかった2発の弾丸に対する弁護団の見解は「実験に用いた弾丸は洗滌したうえに発射後約一年たってから埋没したため……割れに要する時間が全体として長くなり、割れる時間のばらつきの分布」が生じたというものだった）。

再審請求の審理に臨んだ札幌高裁の斎藤勝雄裁判長は、警察が証拠として提出した2発の弾丸には「大きな疑問が生じたといわなければならない」としながらも、「弁護側が提出した証拠は確定した判決をくつがえす決定的な新証拠とはならない」として棄却。この決定を不服として最高裁に特別抗告し、その審理を担当した第一小法廷で下されたのが白鳥決定だった。

同小法廷は、警察が法廷に提出した2発の「証拠弾丸」が、「一九月ないし二七月幌見峠の土中に埋没していた可能性は、絶無であるかどうかは別としてきわめて小さくなったと考えられる」としたのち、「証拠弾丸に関し第三者の作為ひいては不公正な捜査の介在に対する疑念が生じうることも否定しがたい」と述べた。事実上、警察の証拠弾丸が偽造されたものであることを認めていたのである。

本来、唯一の物証であった「証拠弾丸」が偽造となれば、犯罪構造が崩れ、事件を根本から見直さなければならない。

ところが同小法廷は、次のような苦しい理屈を展開し、改めて再審請求を棄却した。

弁護団が実験した幌見峠の土中の位置と、証拠弾丸が発見押収された土中の位置が違っているため、環境条件がまったく同一であったという保証はない。また、弾丸の証拠価値が大幅に減退したとしても、有罪の認定は証拠弾丸のみに依拠したものではない。弾丸以外の証拠、つまりは事件関係者の「公判証言」や「供述調書」などによっても認定されている。そうである以上、弾丸の証拠価値の変動にかかわらず、有罪判決は覆しがたいというものだった。

この第一小法廷の判決は、判決文の前段で証拠の総合評価というあらたな判断枠組み、つまりは白鳥決定を示しながら、しかし結論においてはそれを使うことなく、再審請求を棄却するという不可解な構成になっている。この時点で、すでに主犯とされた村上は仮釈放になっていたものの、判決の前段と後段が一貫していないのは、なぜなのか。

元東京高裁裁判長で弁護士の木谷明はこう推測する。

「当時、第一小法廷をリードしていたのは岸盛一さんと団藤重光さんでした。人権意識の高い二人だけに、さすがに弾丸が偽造された可能性を無視できなかったのでしょう。しかし、他方、これで再審を認めたのでは、一発で確定判決をひっくり返すような新証拠を提出しない限り再審を認めてこなかったそれまでの裁判実務と違いすぎるので、衝撃が大きすぎるとも考えたんでしょう。とどのつまり、いろんな方面に気を使いながら請求を棄却したということになる。棄却はしたものの、新旧証拠の総合評価というあらたな判断枠組みを示したことで、再審決定が増えるという副次的効果が生まれることになったのです」

木谷の話が続く。

「ただ担当調査官は、白鳥決定に反対だったのではないか。この事件の判例解説で、本判例は『どちらかと言えば再評価説に近い』としながらも、『全く確定判決の立場を離れて独立に心証を形成』することに批判的な見解を示したものだから、もともと確定判決を覆すことに慎重だった下級審の裁判官は、確定判決の有罪の心証を引き継いで新証拠を見るようになりがちです。その結果、全体評価が形式的になって新証拠の価値をうんと矮小化し、孤立評価に近い運用になりやすい。90年代に入って以降、確定判決を引っ繰り返せる決定的証拠が提出されない限り、再審請求の棄却が続くのにはそういう背景があるのです」

「孤立評価」とは、再審請求に必要な新証拠を個別に取り上げ、それだけで無罪の心証を抱けない限り、再審の開始決定をしないとのスタンスに立つ判断方法である。

「正義の砦」であるべき裁判所がその理想とほど遠い存在となるのは、少なからぬ裁判官が、少数者の権利保護よりも裁判所の権威を重んじ、上目遣いで事件処理を急ぎ、自己評価を高めようとする傾向にあるからだろう。そして意識的というよりは無意識的隷従のうちに、冤罪被害者を救い出す再審制度さえも形骸化させてきたのである。

裁判官という権威の法服に包まれ、その地位に安住するあまり、真実の発見と正義の実現という不断の努力を怠れば、早晩、国民の信頼と支持をも失うことになる。いま一度、すべての裁判官は、人が人を裁くことの特別の責務と、自らの裁判姿勢を見つめ直す必要があろう。裁く者もまた、やがて国民の道義的信頼と歴史によって裁かれるからである。

あとがき

洪水のように情報が氾濫する社会にあって、唯一、隔絶されたサンクチュアリにあるのが裁判所であろう。

「裁判官弁明せず」という言葉があるように、裁判官は、自ら下した判断について解説することはない。また全国紙の司法記者にしても、「批判するためには、極めて強力な資料を持たなければならない。だから、事実認定をめぐる裁判所の判断は、是認するかどうかはともかくとしても、まず尊重する必要がある」との報道姿勢をとっている。よほどのことがない限り裁判批判がなされることはなく、一般の人々がその内実に触れる機会はほとんどないと言っていい。

容易に知ることのできないこの特異な組織の実像にスポットを当て、そこで働く裁判官の素顔の一側面だけでも描くことができれば、理不尽がまかり通る社会の構造を知るひとつの手立てになりえるのではないか。そんな思いからはじめた取材だった。

もとより企図の無謀さはよくわかっていた。しかしそれでも書いてみたい気持ちを諦めきれなかったのは、常々感じていた裁判への疑問があったからだ。

義務教育で教わる三権分立のトライアングルにおいて、裁判所の機能と役割は、立法府と行政府の権力の乱用を牽制し、国民の基本的人権を守り、その自由を擁護することにある。だが現実の裁判所は、国民の側に立つことよりも国の統治権行使の一機関として、公権力の利益を優先しているのではないかという疑問である。

まずは法律関係の文献や裁判に関する記事などを渉猟したものの、その複雑な組織構造と多様な判断プロセスを前に行き詰まってしまった。資料の山は積みあがるばかりで、いま立っている場所も、進むべき方向も、何をなすべきかさえわからなくなってしまったのである。

まさに、迷宮の中を右往左往しているかのような時間を無為に過ごすうち、ようやく出口を見つけ出すことができたのは、ひとつの仮説が切っ掛けになっている。裁判官は憲法で謳われているほど、独立してその職責をまっとうしていないのではないか。そんな思いが、ふと、浮かんだのだ。

裁判官が確固たる独立を保ち、職責をまっとうしているのであれば、そこに組織の統制は入りようがない。しかしそうでないとの仮説に立てば、一定の許容範囲の中でしか独立が保障されていないことになり、普通のサラリーマンや行政官僚などとさして変わらない管理下に置かれ、組織の論理と自己の良心の間で揺れ動いていることになる。だからこそ、裁判に期待されている真実探求の使命も、時に幻想と感じることになるのではないか。この問題意識を指針に、改めて取材をやり直してみることにしたのである。

いま、少なからず確認できたことは、裁判官もまた弱さを抱え持つひとりの人間であり、組織として見た裁判所は、思いのほか権威に弱い。そして、人事権と予算査定権を立法府と行政府に握られている最高裁は、モンテスキューが『法の精神』で示したほどに、三権分立の理念を実践できていないということだろう。このことを再確認しておきたい。

本書の企画は、もともと講談社第一事業局長（現取締役）の鈴木章一氏のすすめによっている。その支援のもと約2年にわたる長期取材を行い、『週刊現代』誌上で二部構成の連載記事「裁判官よ、あなたに人が裁けるか」を執筆した（第一部は２０１７年５月６・13日合併号〜同年７月１日号。第二部は２０１８年２月17・24日合併号〜同年３月31日号）。その後、さらに約１年にわたる追加取材を経て、加筆修正したのが本書である。

取材、執筆の全過程を辛抱強く支え励ましてくれたのは、同誌前編集長の山中武史氏（現第一事業局担当部長）と現編集長の鈴木崇之氏であった。また、取材期間中は林健太郎氏（現ＦＲＩＤＡＹデジタルチーム）、そして連載中は丸尾宗一郎氏（現現代ビジネスチーム）の二人の担当編集者から常に適切な助言とサポートを得ることができた。単行本化にあたっては丸尾氏とともに、週刊現代編集部次長の石井克尚氏に編集を担当してもらった。

長い時間をかけて書き上げた本書は、現職の裁判官や元裁判官はもとより、法曹関係者、冤罪被害者など実に多くの方々から感謝しきれないほどの協力と教えを受けた。この場を借りて厚くお礼申し上げたい。

令和２年１月

著者

引用文献一覧　※冒頭の数字は該当ページ

《はじめに》

4 ひととおりの法律…「孤竹断簡」『判例タイムズ』３８２号、p.6

4 裁判官に見識が欠…「孤竹断簡」『判例タイムズ』３８２号、p.6

5 この先の上級審が…『刑事裁判のいのち』、p.124

5 私が名古屋高裁に…『刑事裁判のいのち』、pp.46-47

6 裁判官は忙しいた…『裁判官！ 当職そこが知りたかったのです。』、p.19

6 『ああ、これはこ …『裁判官！ 当職そこが知りたかったのです。』、p.19

6 この先生は信頼で…『裁判官！ 当職そこが知りたかったのです。』、p.21

6 主張に乗れるなと…『裁判官！ 当職そこが知りたかったのです。』、p.21

6 読み飛ばしている…『裁判官！ 当職そこが知りたかったのです。』、p.17

《第一章》

19 先生の肉に何の用…岡口基一氏のツイッター @okaguchik カバーページ（２００８年1月開設、２０１８年9月以降ツイッター社により凍結）

19 裁判員裁判って、…岡口基一氏のツイッター（２０１６年9月14日投稿）

19 エロエロツイート…岡口基一氏のツイッター（投稿後削除）

19 裁判官の品位と裁…最高裁大法廷、２０１８年10月17日決定〔裁判官に対する懲戒申立て事件〕

20 30分ではなく、31…岡口基一氏のツイッター

21 元々は、あまりに…岡口基一氏のツイッター（２０１５年4月5日投稿）

21 首を絞められて苦…「読売新聞」、２０１７年12月27日

21 公園に放置されて…岡口基一氏のツイッター（２０１８年5月17日投稿）

22 私が、激しい剣幕…東京高等裁判所分限事件調査委員会へ提出した岡口基一氏「陳述書」２０１８年6月19日提出

25 私たちは、これは…最高裁大法廷決定・補足意見、２０１８年10月17日〔裁判官に対する懲戒申立て事件〕

25 本件ツイートと2…最高裁大法廷決定・補足意見、２０１８年10月17日〔裁判官に対する懲戒申立て事件〕

31 部総括（註・裁判…「裁判官の在り方を考える」内部資料、p.21

32 なぜ正解かという…「裁判官の在り方を考える」、p.19

32 正解指向は何が悪…「裁判官の在り方を考える」、pp.22-23

32 隣の裁判長から電…「裁判官の在り方を考える」、p.71

33 『私はこうだと思 …「裁判官の在り方を考える」、p.21

33 反対意見にあった…「裁判官の在り方を考える」、p.21
33 所長がどちらを向…「裁判官の在り方を考える」、p.54
33 個人的には私は言…「裁判官の在り方を考える」、p.54
41 戸別訪問などの禁…「神戸新聞」、１９８２年７月29日
41 戸別訪問は買収な…「神戸新聞」、１９８２年７月29日
41 戸別訪問などの禁…「神戸新聞」、１９８２年７月29日
41 市議の地位をはく…「神戸新聞」、１９８２年７月29日
42 買収や利害誘導、…妙寺簡裁、１９６８年３月12日判決
42 この違憲判決以降…『犬になれなかった裁判官』、p.86

《第二章》

52 『裁判所は、何を …『矢口洪一 オーラル・ヒストリー』、p.156
52 工場から本当に、…『矢口洪一 オーラル・ヒストリー』、p.156
57 大飯原発の安全技…「朝日新聞」、２０１４年５月22日
57 個人の生命、身体…福井地裁、２０１４年５月21日判決
58 極めて多数の人の…福井地裁、２０１４年５月21日判決
60 国民の安全が何よ…『判例時報』２２９０号（原発差止訴訟〔1〕）、p.27
60 新規制基準は緩や…『判例時報』２２９０号、p.28
61 原子力規制委員会…『判例時報』２２９０号、p.72
61 主張疎明その他本…『判例時報』２２９０号、p.72
62 ほんの極々一部の…『矢口洪一 オーラル・ヒストリー』、pp.223-224
63 基本的には伊方原…「平成24年度特別研究会（第９回、複雑困難訴訟）共同研究（パネルディスカッション）『複雑困難訴訟を巡って』結果概要」、２０１３年５月
63 伊方原発最判の枠…「平成24年度特別研究会（第９回、複雑困難訴訟）共同研究（パネルディスカッション）『複雑困難訴訟を巡って』結果概要」、２０１３年５月
63 原子力規制委員会…「毎日新聞」２０１５年12月25日
66 新規制基準におい…『判例時報』２２９０号、p.88
66 原子力発電所によ…『判例時報』２２９０号、p.87
66 福島第一原子力発…『判例時報』２２９０号、p.89
67 高浜発電所三号機…『判例時報』２２９０号、p.75
67 新規制基準の内容…『判例時報』２２９０号、p.180
68 新規制基準に反映…『判例時報』２２９０号、pp.124-125
68 自然現象等の影響…『判例時報』２２９０号、p.125
68 新規制基準の定め…『判例時報』２２９０号、p.125
68 生命、身体に直接…『判例時報』２２９０号、p.125
69 福岡高裁宮崎支部…「共同通信」、２０１７年３月30日
69 四国電力は……具…「共同通信」、２０１７年３月30日
69 同判決要旨は、最…２０１７年12月14日付、各紙報道
70 破局的噴火は、他…広島高裁、２０１８年９月25日 第二部決定
70 これを具体的危険…広島高裁、２０１８年９月25日 第二部決定
70 その生命、身体に…広島高裁、２０１８年９月25日 第二部決定

71 訓練や計画見直し…「朝日新聞」、2017年7月22日
71 適切な修正がされ…「朝日新聞」、2017年7月22日
72 二〇〇二年七月、…『東電原発裁判』、p.7
72 二〇〇八年三月、…『東電原発裁判』、pp.7-8
73 まあ、来ないだろ…『東電原発裁判』、p.9
74 福島原発事故の深…「東京新聞」、2018年7月5日
75 三権分立は、立法…『矢口洪一 オーラル・ヒストリー』、p.244

《第三章》
79 裁判を事務程度に…「裁判官の在り方を考える」、p.9
79 例えば、判決起案…「裁判官の在り方を考える」、p.10
80 最近の若い人たち…「裁判官の在り方を考える」、pp.46-47
80 せっかく希望通り…「産経新聞」、2002年3月4日
81 育児休暇中に周り…「産経新聞」、2002年3月4日
82 つい最近まではゼ…衆議院法務委員会会議録、2001年11月16日
82 これは個々の裁判…衆議院法務委員会会議録、2001年11月16日
82 裁判所において子…衆議院法務委員会会議録、2001年11月16日
82 男性の育児休業取…衆議院法務委員会会議録、2001年11月16日
82 育児休業法の第六…衆議院法務委員会会議録、2001年11月16日
82 裁判官に普通の市…衆議院法務委員会会議録、2001年11月16日
83 こういうふうにな…参議院法務委員会会議録、2009年11月27日
83 ちょっと原因につ…参議院法務委員会会議録、2009年11月27日
83 男性裁判官につい…参議院法務委員会会議録、2009年11月27日
88 合議体による審理…高等裁判所長官／地方裁判所長／家庭裁判所長会同での「最高裁判所長官挨拶」、2016年6月23日
89 裁判官志望の司法…『気骨』、p.217
90 ノーネクタイ、サ…「東京新聞」、1976年5月7日(夕)
90 教官など他人の家…「東京新聞」、1976年5月7日(夕)
91 自分を含め、修習…『司法修習生が見た裁判のウラ側』、p.19
94 言っていいんでし…「裁判官の在り方を考える」、p.13
94 話しにくい雰囲気…「裁判官の在り方を考える」、p.15
94 『もっともっと合…「裁判官の在り方を考える」、p.15
95 裁判官が良心に従…最高裁大法廷、1948年11月17日判決
96 弁護士になってお…「裁判官の在り方を考える」、p.7

《第四章》

101 『法の支配』を実 …寺田逸郎最高裁長官談話「憲法記念日を迎えるに当たって」２０１７年５月
101 裁判所全体の配置…『矢口洪一 オーラル・ヒストリー』、p.166
113 今からでも私を嫁…『判例タイムズ』２３７号、p.264
113 お前が幸せになれ…『判例タイムズ』２３７号、p.264
113 若い男ができたと…『判例タイムズ』２３７号、p.264
114 夜は疲労に苦しむ…『判例タイムズ』２３７号、p.264
114 一晩に三回くらい…『尊属殺人罪が消えた日』、p.170
114 父が毎晩荒れるの…『尊属殺人罪が消えた日』、p.170
114 ばいた女、出てく…『判例タイムズ』２３７号、p.265
114 両肩にしがみ付い…『判例タイムズ』２３７号、p.265
115 『おまえが悔しく …『尊属殺人罪が消えた日』、p.185
115 尊属殺人罪は違憲…「栃木新聞」、１９６９年５月30日
116 親権優位の旧家族…『判例タイムズ』２３７号、p.266
116 過剰防衛だが情状…「栃木新聞」、１９６９年５月30日
116 被告人が悪かった…「栃木新聞」、１９６９年５月30日
117 いろいろ考えるこ…「栃木新聞」、１９７０年５月13日
117 私は裁判官に対し…『裁判官論（司法研究報告書 第29輯11）』、p.22
118 裁判長 被告人は…『尊属殺人罪が消えた日』、p.208
118 大昔ならばあたり…『尊属殺人罪が消えた日』、p.208
118 被告人はお父さん…『尊属殺人罪が消えた日』、p.208
119 親殺しを普通の殺…「朝日新聞」、１９７２年３月30日
119 親子の関係は、人…『判例タイムズ』２９１号、p.150
119 なんら憲法違反の…『判例タイムズ』２９１号、p.151
120 一日も早く決着が…「栃木新聞」、１９７３年４月20日

《第五章》

127 エリートのレール…『園部逸夫 オーラル・ヒストリー』、p.134
127 率直に言って、事…『矢口洪一 オーラル・ヒストリー』、p.188
128 大蔵省との折衝な…『矢口洪一 オーラル・ヒストリー』、p.198
129 余裕を持って社会…「読売新聞」、１９８１年11月13日（夕）
130 過日新聞にも一部…参議院決算委員会会議録、１９８２年10月７日
136 総理大臣は、年間…衆議院決算行政監視委員会会議録、２００１年６月６日
136 これで、時給当た…衆議院決算行政監視委員会会議録、２００１年６月６日
136 それから、ほかに…衆議院決算行政監視委員会会議録、２００１年６月６日
136 各委員会の常勤の…衆議院決算行政監視委員会会議録、２００１年６月６日
138 これらの公証人は…「読売新聞」、２００１年３月16日

139 簡易裁判所の裁判…『裁判所で見たこと聞いたこと』、p.43
《第六章》
145 私の最高裁入りの…『日本の司法と行政』、pp.49-50
146 私が『大体間違い…『矢口洪一 オーラル・ヒストリー』、p.81
146 横田最高才長官を…『佐藤榮作日記』第三巻、p.377
146 石田判事をよんで…『佐藤榮作日記』第三巻、p.378
147 今の状態で入試を…『佐藤榮作日記』第三巻、p.380
148 暴力を伴ったり、…最高裁大法廷、1966年10月26日判決
148 佐藤内閣打倒とか…「朝日新聞」、1965年11月19日（夕）
149 自民党の中には、…『日本の司法と行政』、p.50
150 木村篤太郎さんが…『佐藤榮作日記』第三巻、p.517
150 木村篤太郎が何度…『矢口洪一 オーラル・ヒストリー』、p.176
150 木村篤太郎さんは…『矢口洪一 オーラル・ヒストリー』、p.177
150 法務大臣室で、植…「読売新聞」、1962年3月9日
151 川島（正次郎）副…『思い出すまま』、p.297
151 総長を始め、総務…『思い出すまま』、p.297
151 自民党で丸政（自…『思い出すまま』、p.292
151 あれだけ治安対策…『思い出すまま』、p.300
151 そりゃ、やるとも…『思い出すまま』、p.300
153 すべての政治的立…『人権の砦として』、p.245
153 大兄の人柄を信頼…『長沼事件 平賀書簡』、p.161
153 裁判所も農林大臣…『長沼事件 平賀書簡』、p.162
154 裁判に対する不当…『注釈 日本国憲法』下巻、p.1151
154 本件原告等（執行…「毎日新聞」、1969年9月16日
154 航空自衛隊高射教…「毎日新聞」、1969年9月16日
154 いやしくも本件保…「毎日新聞」、1969年9月16日
155 なお、私見によれ…「毎日新聞」、1969年9月16日
157 福島さんが『〔平 …『「無罪」を見抜く』、p.93
158 渡部さんが司会を…『「無罪」を見抜く』、p.95
159 事件に関する事実…「読売新聞」、1969年9月15日（夕）
159 家に帰ると新聞記…『「無罪」を見抜く』、p.97
159 たとえば兄貴が弟…『週刊朝日』、1969年9月26日号
160 裁判に対する国民…「朝日新聞」、1969年9月17日
161 平賀書簡は当初共…「経過説明報告書」内部資料
162 我妻さんに、『無 …『矢口洪一 オーラル・ヒストリー』、p.176
163 札幌地裁における…衆議院法務委員会会議録、1969年10月9日
164 私が人事局長にな…『矢口洪一 オーラル・ヒストリー』、p.175
164 総長が使うんだか…『矢口洪一 オーラル・ヒストリー』、p.178

《第七章》

167 上級審の動向や裁…「朝日新聞」、2004年10月19日
170 これはこのままに…『市民の司法をめざして』、p.623
172 おれが仲立ちをす…『市民の司法をめざして』、p.624
179 国を保っておくこ…『判例時報』1698号、p.6
180 採点すれば、まあ…「朝日新聞」、1973年5月19日
180 最後の仕上げもし…「朝日新聞」、1973年5月19日
181 重要なことがらな…「読売新聞」、1973年5月17日
181 長身を前かがみに…「読売新聞」、1973年5月17日
181 『最高裁が内閣人 …「朝日新聞」、2016年7月14日
(夕)
182 裁判所が弱くっち…「毎日新聞」、1959年3月11日
182 とくに名前までは…『子々孫々』、pp.538-539
182 『検事がそれでは …『子々孫々』、p.539

《第八章》

187 先日まで合衆国と…『日本占領と法制改革』、p.60
187 私は日本でどんな…『日本占領と法制改革』、p.10
188 日本の全法律体系…『日本占領と法制改革』、p.60
188 日頃携わっている…『日本占領と法制改革』、p.62
188 死刑の廃止を求め…『日本占領と法制改革』、p.104
188 日本人の圧倒的大…『日本占領と法制改革』、p.106
189 火あぶり、はりつ…最高裁大法廷、1948年3月12日
判決
189 国家の文化が高度…最高裁大法廷、1948年3月12日
判決
189 死刑の廃止に向か…『日本占領と法制改革』、p.106
189 死刑に処せられる…『判例時報』2143号、p.7
189 確かに、絞首刑に…『判例時報』2143号、p.7
190 絞首刑が惨らしい…『判例時報』2143号、p.7
190 つい十数分前まで…『判例時報』2143号、p.7
190 受刑者は二名であ…『法曹』744号、p.26
192 想像しうる殺害方…「産経新聞」2010年11月16日(夕)
192 いかなる刑にも服…「産経新聞」2010年11月17日
197 最後は絞り出すよ…「毎日新聞」、2001年9月26日、
200 ある被告事件につ…『死刑の基準』、pp.219-220
200 死刑の宣告には裁…『死刑の基準』、p.220
200 犯行の罪質、動機…最高裁第二小法廷、1983年7月
8日判決
202 少年法51条(平成…最高裁第三小法廷、2006年6月
20日判決
202 死刑と無期、2通…『最高裁の暗闘』、p.55, 62

《第九章》

210 建築中の〃テレビ…「徳島新聞」、1953年11月8日
210 服役すれば私が犯…『徳島ラジオ商殺し事件』、p.99
211 腹の底には以前に…『恐怖の裁判』、p.200
212 改悛の情なき模範…『恐怖の裁判』、p.34
212 もうこれであきら…『恐怖の裁判』、p.63
212 いつだったか、大…『恐怖の裁判』、p.64

213 裁判長さま、真実…『徳島ラジオ商殺し事件』、p.241
213 これはイデオロギ…『開高健全作品』エッセイ2、p.259
214 捜査構造の歪みに…『裁判について考える』、p.80
216 各項目及び証拠を…『判例時報』990号（第六次再審開始決定）、pp.172-173
218 私にももう少し勇…『判例時報』990号、p.109
218 わしな、あの事件…『恐怖の裁判』、p.30
219 戦争だけが若者の…『恐怖の裁判』、p.30
219 検事も二、三人、…『恐怖の裁判』、p.188
219 お前が殺さんと誰…『恐怖の裁判』、p.185
219 『包丁を捨ててく…『恐怖の裁判』、p.194
219 私こそ真の被害者…『恐怖の裁判』、p.185
221 お前は裁判のやり…『恐怖の裁判』、p.186
221 二人の生き証人が…『恐怖の裁判』、pp.186-187
221 あなたが自白しな…『徳島ラジオ商殺し事件』、p.59
222 検事さんが、『ここ…『徳島ラジオ商殺し事件』、pp.56-57
223 子供のことを次席…『恐怖の裁判』、p.188
223 子供のことを云は…『恐怖の裁判』、p.188
223 どうぞ子供のこと…『恐怖の裁判』、p.188
223 『子供のことをお…『恐怖の裁判』、p.189
224 廿六日夜、茂子を…「徳島新聞」、1954年8月27日
224 泣きながらポツリ…「徳島毎夕新聞」、1954年8月27日
224 事件のキメ手とみ…「徳島新聞」、1954年8月27日
224 刺身庖丁を新町川…『判例時報』990号、p.175
224 茂子有罪の決定的…『判例時報』990号、p.175
226 証人は起きた時本…『判例時報』990号、p.167
227 同人は事件当時年…『判例時報』990号、p.167
227 一〇歳以下の小児…『判例時報』990号、p.167
228 徳島事件には、も…『女性弁護士の歩み』、p.194
228 茂子有罪の心証は…『判例時報』990号、p.177
229 新旧証拠の総合評…『判例時報』990号、p.177

《第十章》
235 東住吉署の調べで…「産経新聞」、1995年7月23日
235 爆発音の後、満タ…「毎日新聞」、1995年7月23日
235 大阪府警捜査一課…「朝日新聞」、1995年7月27日
235 出火当時、二回、…「朝日新聞」、1995年7月27日
236 第一通報者宅を捜…「毎日新聞」、1994年6月29日
236 松本支局に東京本…「毎日新聞」、1995年6月6日
238 きょう二人を取り…「NHKニュース」、1995年9月10日
238 調べでは、両容疑…「毎日新聞」、1995年9月11日
239 朴、青木容疑者は…「毎日新聞」、1995年9月11日
244 坂本刑事が『朴が…『ママは殺人犯じゃない』、p.24
245 死後半日から二日…『判例時報』2324号、p.25
247 もっと早くに話し…『ママは殺人犯じゃない』、p.43
247 あなたを完璧に有…『ママは殺人犯じゃない』、p.43
248 捜査官としての見…『刑事裁判の空洞化』、p.8
248 これらの証拠が採…『刑事裁判の空洞化』、p.8

250 当時の収入は、……大阪地裁第1審判決（青木恵子）、１９９９年5月18日、pp.90-91
250 より楽な暮らしが…大阪地裁第1審判決（青木恵子）、p.93
250 既にめぐみに掛け…大阪地裁第１審判決（青木恵子）、pp.93-94
250 被害者（めぐみ）…大阪地裁第１審判決（青木恵子）、pp.112-114
250 金のためなら子供…『判例時報』２３２４号、p.78
250 捜査段階において…『判例時報』２３２４号、p.78
251 すべての証拠によ…「滝井裁判官の意見」、p.1
251 これを破棄しなけ…「滝井裁判官の意見」、p.24
251 秘密の暴露に当た…「滝井裁判官の意見」、p.2
251 本件公訴事実は、…「滝井裁判官の意見」、p.3
252 確かに被告人はク…「滝井裁判官の意見」、p.8
252 この家計簿によれ…「滝井裁判官の意見」、p.8
253 負債は自動車ロー…大阪地裁第1審判決（青木恵子）、p.90
253 記録によれば、被…「滝井裁判官の意見」、p.13
253 平然と保険会社に…大阪地裁第１審判決（青木恵子）、p.114
254 確かに、保険金受…「滝井裁判官の意見」、p.22
254 主任が有罪の結論…「The Asahi Shinbun GLOBE」、２００９年11月2日
256 主任裁判官が反対…『日本の司法と行政』、p.80
256 首を絞められるな…『判例時報』２３２４号、p.28
256 自白には任意性が…『判例時報』２３２４号、p.28
256 当初から過度の精…『判例時報』２３２４号、p.42
256 被告人の各自白に…『判例時報』２３２４号、p.42
257 本件火災が自然発…『判例時報』２３２４号、p.42
257 自分は間違える人…「朝日新聞」、２０１６年3月17日

《第十一章》

262 法律技術の専門家…『最高裁判所とともに』、p.206
262 良き法律家が良き…『最高裁判所とともに』、p.206
263 陪審制度導入は矢…『一歩前へ出る司法』、pp.137-138
264 職業裁判官と異な…『無罪の発見』、p.411
264 司法が一流扱いに…『矢口洪一　オーラル・ヒストリー』、p.139
265 陪審の研究という…『矢口洪一　オーラル・ヒストリー』、p.281
265 裁判員制度をどの…『矢口洪一　オーラル・ヒストリー』、p.281
265 むしろ、陪審員は…『矢口洪一　オーラル・ヒストリー』、p.302
268 中坊さんは司法の…『中坊先生の思い出』、p.73
268 よおう言うてくれ…『中坊先生の思い出』、p.73
270 『原則として一人…「毎日新聞」、１９９６年12月23日
270 判事補に採用され…『矢口洪一　オーラル・ヒストリー』、pp.179-180
272 それでは、職業裁…『日本社会と法律学』、p.605
272 総理、司法改革を…「朝日新聞」、２０００年3月15日

273 ええ。（警察）官僚…「朝日新聞」、２０００年３月15日
276 裁判員制度のよう…『一歩前へ出る司法』、p.137

《第十二章》

286 多数意見に反対す…『「一票の格差」違憲判断の真意』、p.132
286 『先例に反します …『「一票の格差」違憲判断の真意』、p.133
286 定数格差の存在は…『「一票の格差」違憲判断の真意』、p.133
286 反対意見を書くの…『「一票の格差」違憲判断の真意』、p.133
286 黒か青か …『「一票の格差」違憲判断の真意』、p.136
286 私は反対である …『「一票の格差」違憲判断の真意』、p.136
286 思い出すと、今で…『「一票の格差」違憲判断の真意』、p.138
287 斜線で消して、翌…『「一票の格差」違憲判断の真意』、p.133
287 上席調査官と担当…『「一票の格差」違憲判断の真意』、p.134
288 2倍を超える格差…「読売新聞」、２００６年10月５日
289 民主主義国家にあ…『一歩前へ出る司法』、pp.170-171
290 誰もが過不足なく…福岡高裁、２０１０年３月12日判決
291 選挙区間の人口の…福岡高裁、２０１０年３月12日判決
291 本件選挙は違憲と…福岡高裁、２０１０年３月12日判決
291 違法であるとの宣…『判例時報』１０３２号、p.31
292 憲法の選挙権の平…最高裁大法廷、１９８３年11月７日判決
292 憲法上要求される…最高裁大法廷、１９８３年11月７日判決
293 できる限り速やか…最高裁大法廷、１９８３年11月７日判決
293 投票価値の不平等…最高裁大法廷、１９８５年７月17日判決
295 是正措置が講ぜら…最高裁大法廷、１９８５年７月17日判決
299 阿賀野川の魚介類…東京高裁、２０１８年３月23日判決
300 当該事件について…『裁判について考える』、p.91
300 裁判官に対する中…『裁判について考える』、p.91
302 中国国内で実際に…『再審』、p.46
302 実験に用いた弾丸…『再審』、p.46
302 大きな疑問が生じ…『最高裁判例解説刑事篇（昭和50年度）』、p.86
302 弁護側が提出した…「読売新聞」、１９６９年６月18日（夕）
302 一九月ないし二七…「裁判所時報」第６６６号、１９７５年６月１日
302 証拠弾丸に関し第…「裁判所時報」第６６６号、１９７５

年6月1日

303 弁護団が実験した…「裁判所時報」第666号、1975年6月1日

《あとがき》

306 批判するためには…『裁判の取材と報道』、p.3

参考文献

※編著者名五十音順

青木惠子・里見 繁『ママは殺人犯じゃない――冤罪・東住吉事件』インパクト出版会、２０１７年
朝日新聞「孤高の王国」取材班『「孤高の王国」裁判所――司法の現場から』朝日新聞社、１９９１年
朝日新聞社研修所『裁判の取材と報道――59年度裁判記者研修の記録』（内部資料）、１９８４年
安倍晴彦『犬になれなかった裁判官』日本放送出版協会、２００１年
阿部昌樹・馬場健一・斎藤 浩編『司法改革の最前線』日本評論社、２００２年
家永三郎『裁判批判』日本評論新社、１９５９年
井垣康弘・南 輝雄・井上二郎・片山登志子・磯野英徳・レビン久子『裁判所の窓から』花伝社、２０００年
井垣康弘『少年裁判官ノオト』日本評論社、２００６年
生田暉雄『裁判が日本を変える！』日本評論社、２００７年
生田暉雄『最高裁に「安保法」違憲判決を出させる方法』三五館、２０１６年
伊佐千尋・渡部保夫『日本の刑事裁判――冤罪・死刑・陪審』中公文庫、１９９６年
石川義夫『思い出すまま』れんが書房新社、２００６年
石田和外『子々孫々』私家版、１９８１年
石松竹雄『刑事裁判の空洞化――改革への道標』勁草書房、１９９３年
石松竹雄著、インタビュアー 安原 浩『気骨――ある刑事裁判官の足跡』ＥＲＣＪ選書、２０１６年

泉 徳治『私の最高裁判所論――憲法の求める司法の役割』日本評論社、２０１３年
泉 徳治・渡辺康行・山元 一・新村とわ『一歩前へ出る司法――泉徳治元最高裁判事に聞く』日本評論社、２０１７年
磯村健太郎・山口栄二『原発と裁判官――なぜ司法は「メルトダウン」を許したのか』朝日新聞出版、２０１３年
市川正人・大久保史郎・斎藤 浩・渡辺千原編著『日本の最高裁判所――判決と人・制度の考察』日本評論社、２０１５年
井波七郎『裁判官論（司法研究報告書 第29輯11）』司法省調査部、１９４１年
大塚一男『裁判・弁護・国民――誤審・誤判はなぜ起こるのか』晩聲社、１９８３年
大塚一男『最高裁調査官報告書――松川裁判にみる心証の軌跡』筑摩書房、１９８６年
大野正男・渡部保夫編『刑事裁判の光と陰――有罪率99％の意味するもの』有斐閣、１９８９年
岡口基一・中村 真『裁判官！ 当職そこが知りたかったのです。――民事訴訟がはかどる本』学陽書房、２０１７年
岡口基一『裁判官は劣化しているのか』羽鳥書店、２０１９年
尾形誠規『美談の男――冤罪 袴田事件を裁いた元主任裁判官・熊本典道の秘密』鉄人社、２０１０年
奥平康弘『治安維持法小史』筑摩書房、１９７７年
アルフレッド・オプラー、監訳 内藤頼博、訳 納谷廣美・髙地茂世『日本占領と法制改革――ＧＨＱ担当者の回顧』日本評論社、１９９０年
開高 健『開高健全作品』新潮社、１９７３〜１９７４年

戒能通厚・原田純孝・広渡清吾編『渡辺洋三先生追悼論集　日本社会と法律学——歴史、現状、展望』日本評論社、２００９年
門野　博『裁判員裁判への架け橋——刑事裁判ノート』判例タイムズ社、２０１２年
門野　博『白熱・刑事事実認定——冤罪防止のハンドブック』青林書院、２０１７年
木佐茂男・宮澤節生・佐藤鉄男・川嶋四郎・水谷規男・上石圭一『テキストブック　現代司法』〔第６版〕日本評論社、２０１５年
木谷　明『刑事裁判の心——事実認定適正化の方策』〔新版〕法律文化社、２００４年
木谷　明著、山田隆司・嘉多山　宗　聞き手・編『「無罪」を見抜く——裁判官・木谷明の生き方』岩波書店、２０１３年
木谷　明『刑事裁判のいのち』法律文化社、２０１３年
木谷　明・趙　誠峰・吉田京子・髙山　巌編『憲法的刑事弁護——弁護士高野隆の実践』日本評論社、２０１７年
京都弁護士会編著『法曹一元——市民のための司法をめざして』文理閣、１９９９年
小嶌信勝・安達敏男『冤罪を生まないための裁判員裁判——証拠の見方と心得』日本加除出版、２０１２年
後藤　昭編『刑事司法を担う人々』シリーズ刑事司法を考える　第3巻、岩波書店、２０１７年
小林　篤『足利事件——冤罪を証明した一冊のこの本』講談社文庫、２００９年
小林正啓『こんな日弁連に誰がした？』平凡社新書、２０１０年
佐藤榮作、監修　伊藤　隆『佐藤榮作日記』第三巻、朝日新聞社、１９９８年

思想運動研究所編『恐るべき裁判』全貌社、１９６９年
渋川　満『裁判官の理想像』日本評論社、２０１６年
司法研修所編「裁判官の在り方を考える」内部資料、２００２年
司法研修所編「平成24年度特別研究会（第９回、複雑困難訴訟）共同研究（パネルディスカッション）『複雑困難訴訟を巡って』結果概要」内部資料、２０１３年
司法の現実に驚いた53期修習生の会編『司法修習生が見た裁判のウラ側——修習生もびっくり！司法の現場から』現代人文社、２００１年
新藤宗幸『司法官僚——裁判所の権力者たち』岩波新書、２００９年
鈴木忠一『橡の並木——一裁判官の思い出』日本評論社、１９８４年
須藤正彦『弁護士から最高裁判所判事へ——折り折りの思索』商事法務、２０１４年
砂川判決の悪用を許さない会編『砂川判決と戦争法案——最高裁は集団的自衛権を合憲と言ったの⁉』旬報社、２０１５年
政策研究大学院大学（政策研究院）『矢口洪一（元最高裁判所長官）オーラル・ヒストリー　C.O.E.オーラル・政策研究プロジェクト』２００４年
青年法律家協会弁護士学者合同部会編『人権の砦として——弁学合同部会40年の軌跡』２０１２年
関根小郷・新村義広編『裁判今昔ものがたり』河出新書、１９５６年
瀬木比呂志『民事訴訟の本質と諸相——市民のための裁判をめざして』日本評論社、２０１３年
瀬木比呂志『絶望の裁判所』講談社現代新書、２０１４年
瀬木比呂志『ニッポンの裁判』講談社現代新書、２０１５年

瀬木比呂志『黒い巨塔――最高裁判所』講談社、２０１６年
瀬戸内晴美・富士茂子『恐怖の裁判――徳島ラジオ商殺し事件』読売新聞社、１９７１年
添田孝史『東電原発裁判――福島原発事故の責任を問う』岩波新書、２０１７年
園部逸夫『最高裁判所十年――私の見たこと考えたこと』有斐閣、２００１年
滝井繁男『最高裁判所は変わったか――一裁判官の自己検証』岩波書店、２００９年
田口真義『裁判員のあたまの中――14人のはじめて物語』現代人文社、２０１３年
田中二郎『日本の司法と行政――戦後改革の諸相』有斐閣、１９８２年
谷口正孝『裁判について考える』勁草書房、１９８９年
谷口安平・坂元和夫編著『裁判とフェアネス』法律文化社、１９９８年
谷口優子『尊属殺人罪が消えた日』筑摩書房、１９８７年
千葉勝美『違憲審査――その焦点の定め方』有斐閣、２０１７年
スコット・トゥロー、訳 指宿 信・岩川直子『極刑――死刑をめぐる一法律家の思索』岩波書店、２００５年
永瀬隼介『19歳――一家四人惨殺犯の告白』角川文庫、２００４年
中野次雄編『判例とその読み方』〔三訂版〕有斐閣、２００９年
中坊先生を偲ぶ弁護士の会編『中坊先生の思い出』非売品、２０１３年
西川伸一『日本司法の逆説――最高裁事務総局の「裁判しない裁判官」たち』五月書房、２００５年
西川伸一『裁判官幹部人事の研究――「経歴的資源」を手がかりとして』五月書房、２０１０年
日本裁判官ネットワーク『裁判官は訴える！　私たちの大疑問』講談社、１９９９年

日本裁判官ネットワーク編著『裁判官だって、しゃべりたい！——司法改革から子育てまで』日本評論社、2001年
日本裁判官ネットワーク編『希望の裁判所——私たちはこう考える』弁護士会館ブックセンター出版部LABO、2016年
日本弁護士連合会／両性の平等に関する委員会編『女性弁護士の歩み——3人から3000人へ』明石書店、2007年
日本弁護士連合会編著『再審』日本評論社、1977年
日本弁護士連合会裁判員本部編『裁判員裁判の量刑』GENJIN刑事弁護シリーズ14、2012年
年報・死刑廃止編集委員会編『年報・死刑廃止2016——死刑と憲法』インパクト出版会、2016年
馬場周藏『裁判所で見たこと聞いたこと』日本図書刊行会、1999年
浜田寿美男『自白の研究——取調べる者と取調べられる者の心的構図』三一書房、1992年
浜田寿美男『虚偽自白を読み解く』岩波新書、2018年
原田國男『量刑判断の実際』〔第3版〕立花書房、2008年
原田國男『逆転無罪の事実認定』勁草書房、2012年
原田國男『裁判の非情と人情』岩波新書、2017年
樋口陽一・中村睦男・佐藤幸治・浦部法穂『注釈　日本国憲法』〔下巻〕青林書院、1988年
布川玲子・新原昭治編著『砂川事件と田中最高裁長官——米解禁文書が明らかにした日本の司法』日本評論社、2013年
福島重雄・大出良知・水島朝穂編著『長沼事件　平賀書簡——35年目の証言　自衛隊違憲判決と司法の危

機』日本評論社、２００９年
福田　博・山田隆司・嘉多山　宗『福田博オーラル・ヒストリー「一票の格差」違憲判断の真意――外交官としての世界観と最高裁判事の10年』ミネルヴァ書房、２０１６年
古川元晴・船山泰範『福島原発、裁かれないでいいのか』朝日新書、２０１５年
堀川惠子『死刑の基準――「永山裁判」が遺したもの』日本評論社、２００９年
堀川惠子『裁かれた命　死刑囚から届いた手紙』講談社、２０１１年
堀川惠子『教誨師』講談社、２０１４年
御厨　貴編『園部逸夫　オーラル・ヒストリー――タテ社会をヨコに生きて』法律文化社、２０１３年
宮本康昭『危機にたつ司法』汐文社、１９７８年
毛利甚八『裁判官のかたち』現代人文社、２００２年
本林　徹・石塚章夫・大出良知編『市民の司法をめざして――宮本康昭先生古稀記念論文集』日本評論社、２００６年
守屋克彦編著『日本国憲法と裁判官――戦後司法の証言とよりよき司法への提言』日本評論社、２０１０年
守屋克彦著、インタビュアー　石塚章夫・武内謙治『守柔――現代の護民官を志して』ＥＲＣＪ選書、２０１７年
矢口洪一『最高裁判所とともに』有斐閣、１９９３年
山口　進・宮地ゆう『最高裁の暗闘――少数意見が時代を切り開く』朝日新書、２０１１年
吉田敏浩・新原昭治・末浪靖司『検証・法治国家崩壊――砂川裁判と日米密約交渉』創元社、２０１４年

デイヴィッド・S・ロー、訳 西川伸一『日本の最高裁を解剖する――アメリカの研究者からみた日本の司法』現代人文社、2013年
鷲野忠雄『検証・司法の危機 1969-72』日本評論社、2015年
渡辺倍夫『徳島ラジオ商殺し事件――真実を求めて三十年』木馬書館、1983年
渡部保夫『無罪の発見――証拠の分析と判断基準』勁草書房、1992年

『雑誌全貌――歪められた教育と日教組 復刻版』〔第5巻〕全貌社、1999年
『月刊 大阪弁護士会』2017年6月号
岸 盛一「孤竹断簡」『判例タイムズ』373～389号
土本武司「絞首刑の法的根拠と残虐性」『判例時報』2143号
最高裁判所事務総局編『裁判所百年史』最高裁判所事務総局、1990年
全裁判官経歴総覧編集委員会編『全裁判官経歴総覧』〔第5版 期別異動一覧編〕公人社、2010年
最高裁判所事務総局刊「裁判所時報」
法曹会編『最高裁判所判例解説』各年度版
最高裁判所事務総局編『裁判所データブック』法曹会、各年版
ほか『判例時報』『判例タイムズ』『法曹時報』、データベース「TKCローライブラリー」に掲載の判例、解説、特集記事を参考とした

カバー、表紙写真=Kyodo News/Getty Images

岩瀬達哉（いわせ・たつや）
1955年、和歌山県生まれ。ジャーナリスト。2004年、『年金大崩壊』『年金の悲劇』（ともに講談社）で講談社ノンフィクション賞を受賞。
また、同年「文藝春秋」に掲載された「伏魔殿　社会保険庁を解体せよ」で文藝春秋読者賞を受賞した。他の著書に、『われ万死に値す　ドキュメント竹下登』『血族の王　松下幸之助とナショナルの世紀』（ともに新潮文庫）、『新聞が面白くない理由』（講談社文庫）、『ドキュメント　パナソニック人事抗争史』（講談社＋α文庫）などがある。

裁判官《さいばんかん》も人《ひと》である　良心《りょうしん》と組織《そしき》の狭間《はざま》で

2020年１月29日　第１刷発行
2020年７月22日　第２刷発行

著　者　岩瀬達哉《いわせたつや》

発行者　渡瀬昌彦
発行所　株式会社講談社
東京都文京区音羽2-12-21
郵便番号　112-8001
電話　編集　03-5395-3438
販売　03-5395-4415
業務　03-5395-3615

印刷所　株式会社新藤慶昌堂
製本所　大口製本印刷株式会社

ISBN978-4-06-518791-3